天草島原一揆後を治めた代官 鈴木重成

田口孝雄

◉弦書房

香嵐渓（愛知県豊田市足助町）

1

足助八幡宮（愛知県豊田市足助町）

2

藤白神社（和歌山県海南市）…全国鈴木氏の始祖を祀る　3

4
則定鈴木家紋
則定鈴木家累代の位牌を納めた厨子の扉に描かれている（豊田市山中町・浄心寺）

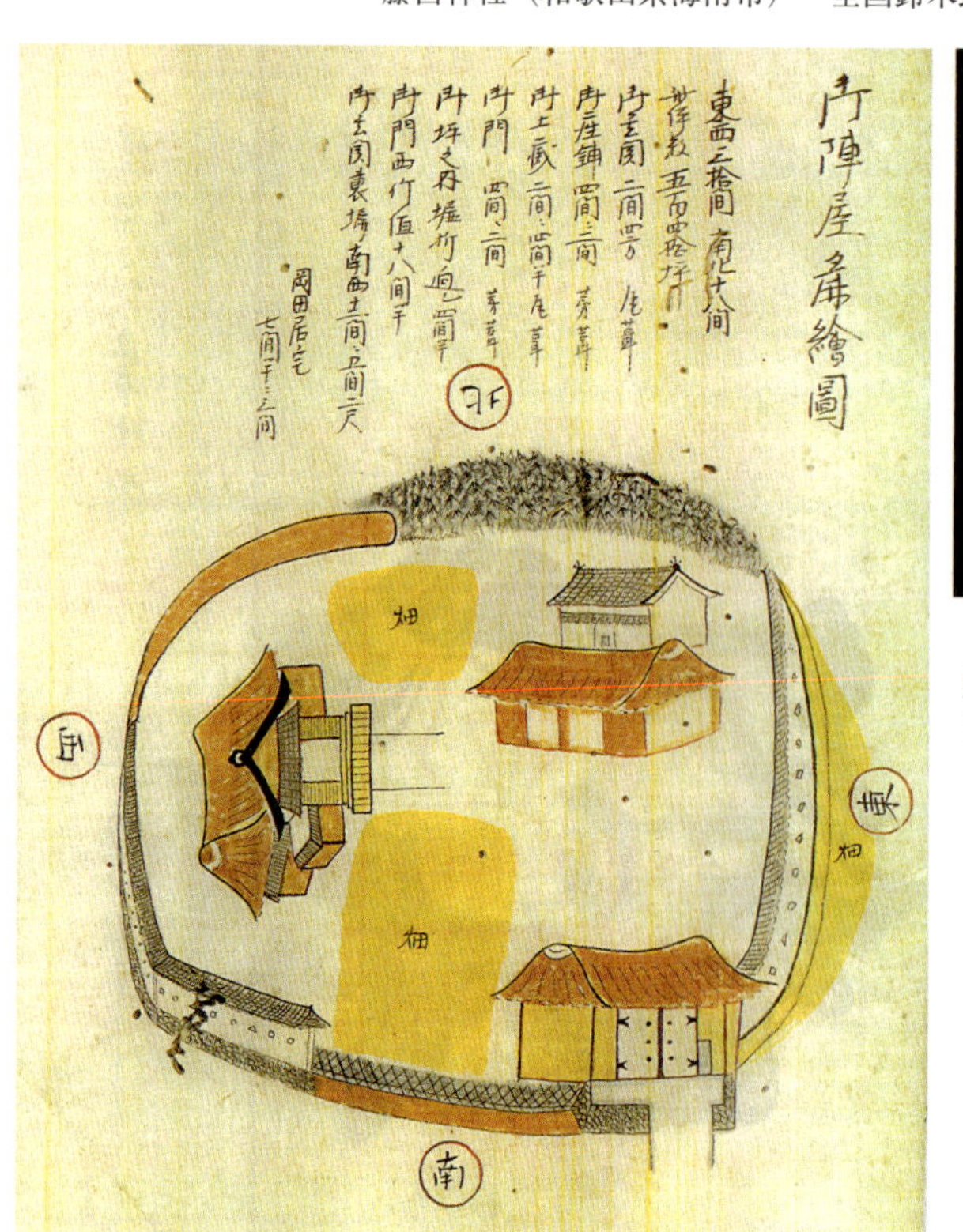

5
則定陣屋図
豊田市御蔵町、元鈴木氏家臣深見家文書
「三河國賀茂郡九ヶ村明細帳」（天保９年）より

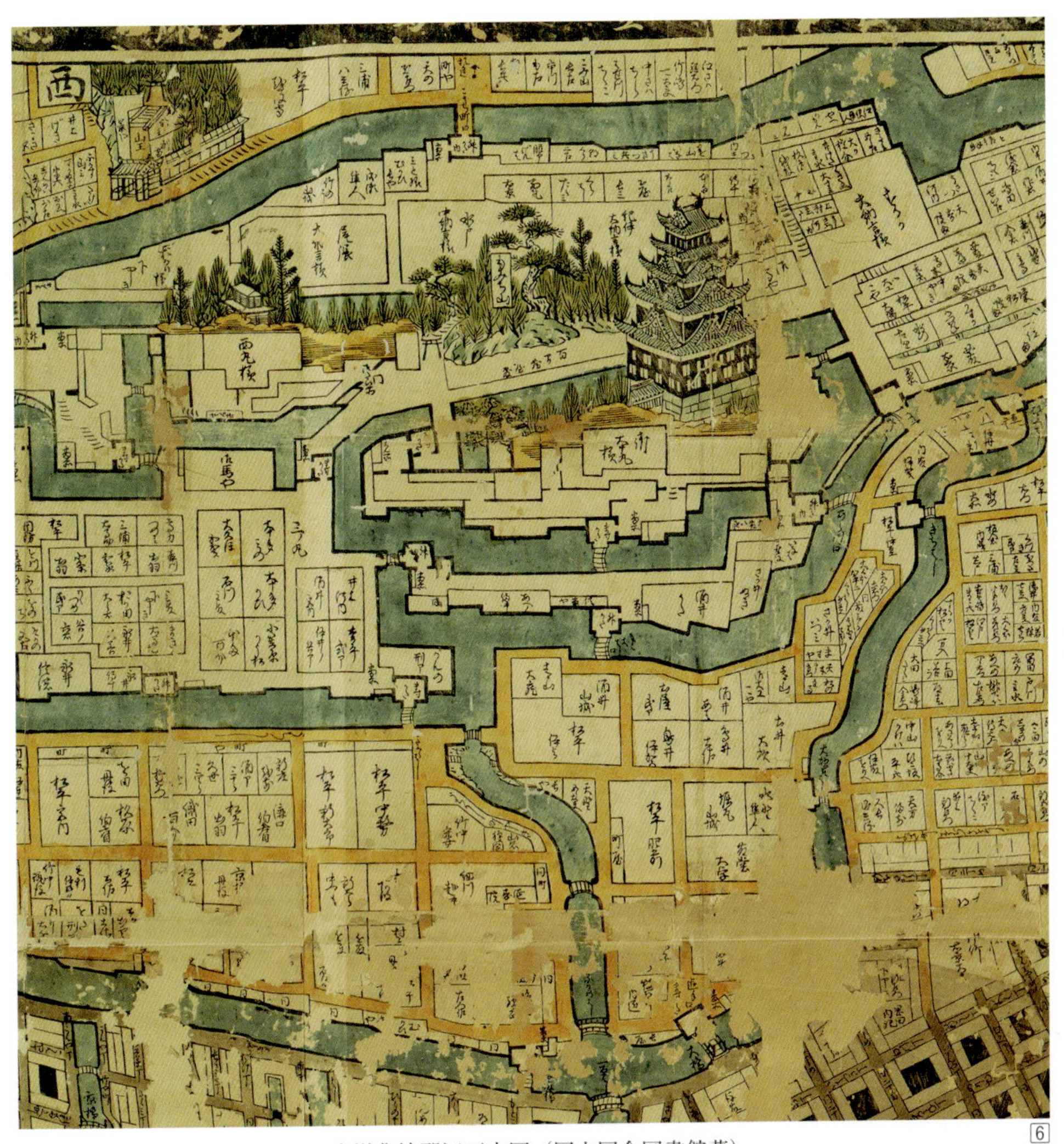

6

武州豊嶋郡江戸庄図（国立国会図書館蔵）

島原城攻撃図（許山利為作、東京国立博物館蔵、Image:TNM Image Archives） 7

天草四郎陣中旗
（部分、天草キリシタン館蔵） 9

湯島 8
天草（左）と島原（右）のキリシタンがこの島で談合し蜂起を決めた
（熊本県上天草市）

10

暮れてゆく島原半島と早崎ノ瀬戸

富岡半島（梶原嘉辰 油彩）

11

12

冨岡の代官陣屋

塚本政直筆「天草嶋冨岡地勢要図」（文政６年、部分、旧大江村大庄屋松浦家蔵）

東向寺（熊本県天草市本町） 13

圓性寺（熊本県天草市栖本町、小林健浩 撮影） 14

本渡諏訪神社（熊本県天草市諏訪町） 15

栖本太鼓踊り（杉本聖樹 撮影） 16

17

富岡首塚（熊本県天草郡苓北町）

18

富岡首塚の供養碑正面

鈴木正三書〈三尊仏〉
（新古美術わたなべ（京都市）蔵）
20

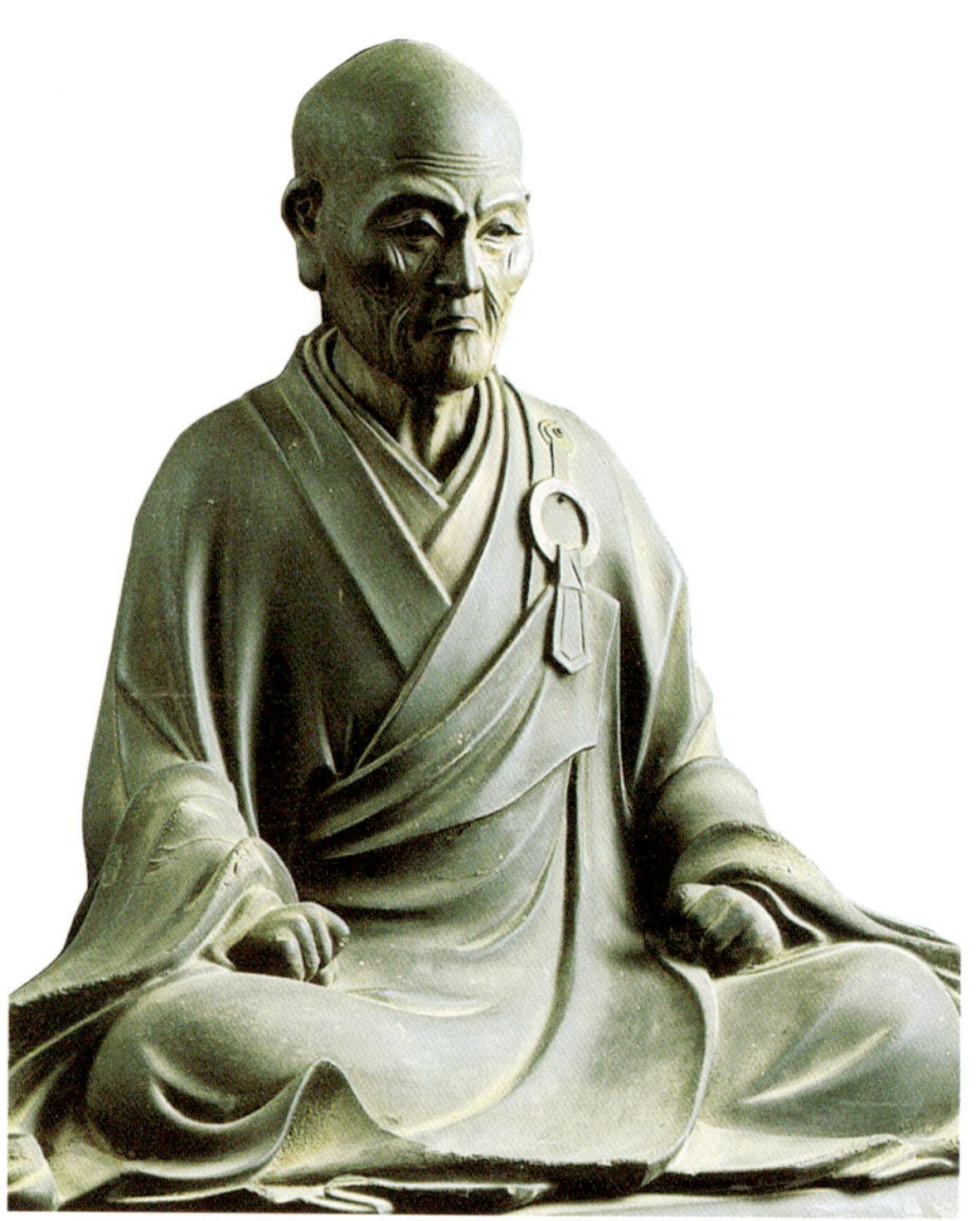

鈴木正三坐像（豊田市則定町・心月院蔵）
19

正三を学び重成を学んで交流する天草と豊田の小学生たち（豊田市山中町の恩真寺にて）
21

23 里の〈鈴木さま〉（天草市本町枦ノ原）

22 鈴木重成供養碑（天草郡苓北町）

24 豊穣の島おだやかに…（天草市本町の田園）

㉕

鈴木神社社頭（天草市本町）

㉖

天草のカトリック﨑津教会で神父と宮司と住職による宗教対話、そして〝平和への祈り〟が行われた。(Carl Jenson 撮影)

目次

〔装丁〕毛利一枝

〔カバー表写真〕
湯島。天草と島原のキリシタンがこの島で談合し蜂起を決めた。
（熊本県上天草市、著者撮影）

〔カバー裏〕
鈴木重成自筆の署名と花押

〔本扉写真〕
鈴木重成公像（部分）、中村晋也作（天草市太田町、著者撮影）

はじめに

天草代官　鈴木重成のことを

農民のために死を賭す武士が現れたのである。

と言い切ったのは、近世史の大家　朝尾直弘さんでした。もう大分以前のこと（小学館版『日本の歴史』第17巻、昭和50）ですが、今読んでも、鈴木重成を史上例を見ない武士の出現である、とする著者の嘆声までが聞こえてくるようです。

鈴木重成については従来、〝天草島原一揆後の天草復興のため、幕府に石高半減を嘆願して自刃した代官〟という受け止め方が一般的でしたが、〝実はそうではなく病死だったのだ〟という言説も一部に出始める中、朝尾さんは両方の見方を視野に入れながら、しかし自刃か病死かといった、はじめから無理のある問題設定に泥むことなく、歴史学者として、鈴木代官が島民救済のために心を砕き、身を粉にして島の復興に尽力した事実を直視しようとしていたようです。農民のために死を賭す武士が現れた、――見事な結びの言葉でした。

それから数十年の間には鈴木重成研究にも随分進展がありました。一方、〝これほどの人物なのに、まとまった書物がいまだ一点も無いなんておかしくはありませんか〟という声が聞こえていたのも確かで、わたくし自身、このことを遺憾に思ううち、未見の史料、新しい解釈にたどりついた部分もあり、ここに〝鈴木重成とその時代〟を見つめて一書を著すことにしました。

とはいっても、なじみの薄い読者も多いはず。ここはまず、本書の主人公六十六年の生涯をごく手短に振り返ることから筆を起こしたいと思います。

鈴木三郎九郎重成は天正（てんしょう）十六年*1588*、三河国・足助（あすけ）の庄に生まれました。通称、三郎九郎。在地小領主として重きをなした鈴木家歴代はやがて松平（のちの徳川）家に仕えて三河武士の本領を発揮、重成も大坂冬・夏の陣以来、徳川の家臣・幕臣となって駿府城・江戸城に詰めました。

大坂で代官職・奉行職をつとめるうち、九州の島原と天草でキリシタンを主力とする大がかりな騒乱が発生。鉄砲奉行として征討軍に加わった重成は、のち幕府代官として天草と島原の戦後復興に挺身します。かつて思ってもみなかった日本と西洋の文明が衝突する現場で、複雑に絡まる民衆の苦患（くげん）と向き合うことになったのです。

鈴木代官による天草・島原再建の策は多岐にわたりましたが、中でも移民の誘致、年貢の大幅減免、社寺の再興につとめたことが知られます。加えて、戦で落命したキリシタンを仏教の精神と儀礼によって弔ったこともその仁政の一端として見落とすことができません。

承応（じょうおう）二年*1653*江戸で歿するや、同時代の人びとはただちに供養碑一基を建立して遺徳をしのび、後代の天草びとは社(やしろ)を築いて「すずきさま」と呼び、今に敬慕の念を忘れません。

むろん、そんな重成もあまねくその名を知られてきたわけではありません。

世上〈島原の乱〉の知名度は抜群で、その衝撃と後世への影響の甚大さも繰り返し語られてきましたが、万余の民が蜂起し玉砕していった天草と島原、——その空前の戦のあとのことは等閑に付された感さえありました。というのも、〈島原の乱〉のあとのこととして人々が思い浮かべるのは、およそキリシタン禁令の強化、武家諸法度の改定、鎖国…といったことばかりで、現地の戦後復興がどのように進められたかにはほとんど目が向けられなかったからです。現に〝天草四郎は知っているけど鈴木重成は知らない〟という声の多いことが、そのことを端的に表しているでしょう。

その点、新村出(しんむらいずる)博士がいかに見るべきものを見ていたかに驚かされます。それも早い時期に、です。一般には『広辞苑』の編者として知られるこの言語学・国語学の泰斗は、キリシタン版の語学資料、いわゆる〈天草本〉との結びつきから、天草、そして島原半島の歴史にはひときわ強い関心を抱いていました。ひと夏、念願かなって長崎、島原、天草を歴遊したとき、博士はその紀行書にこんな一節を書き残したのです。

鈴木代官による天草有馬地方復興の事業は兄正三の業績と共に特筆すべきであるが、人名辞書にも逸(いっ)してゐるのは惜しむべきだ。

(『南国巡礼』梓書房、昭和5)

このわずかな文字列から、博士自身、鈴木重成に高い評価と顕揚（けんよう）の念を寄せていることがよく解ります。また鈴木代官による戦後復興を「天草有馬地方」という視界で捉えていることもわたくしの目を引きます。このさりげない表記には、鈴木代官が肥前・島原と肥後・天草の間に横たわる早崎海峡を舟で往来しながら、精力的に両地方の復興に当っていた事実が反映されていると思うからです。このように両地方の復興事業を一体的に、或いは複眼的に見る見方は今日なお十分に共有されているとは言えないでしょう。

ところで、「人名辞書にも逸してゐるのは惜しむべきだ」――新村博士のそんな指摘から長い年月が経つあいだ、何も変わらなかったのではありません。こんにち普通に出回っている人名事典や歴史辞典の多くは〈鈴木重成〉の項を立てており、一揆後の復興事業についても触れるようになっているからです。しかし『日本歴史大辞典』（昭和33　河出書房新社・森田誠一執筆）のような若干の先蹤（せんしょう）を除けば、重成が多くの事典類に収載されるようになるのは昭和五十年代からでしょうか。確実な端緒の一つに、村上直（ただし）『代官――幕府を支えた人々』（昭和38）がありました。

代官といえば、世間にはとかく権柄（けんぺい）づくの〝悪代官〟ばかりを連想しがちな傾向があるけれども、この本は民政に尽力し民衆に慕われた代官十数名の事績を紹介する初めてのものでした。先の東京オリンピック前年のことです。ところがそこに、五畿内代官＋天草代官たる鈴木重成の名は無かった。こちらにしてみれば、わが目を疑うとはこのことでしたが、天領・代官研究の先端をゆく研究者でもそのころはそんな風だった、としか言いようがありません。

しかしそうした空白ないし欠落がひとつの起点となったのも事実で、村上氏は年若いわたくし（二十歳だったのです）の不躾な手紙を咎めることなく重成研究を開始し、やがて論文を公表、先の書を改訂増補して鈴木重成をしかるべく位置づけられました（『江戸幕府の代官』昭和45）。まことに地味な本でしたが、以来、近世史家や出版界の一部が鈴木重成に注目するようになり、通史の記述や人名事典・歴史辞典の立項にも反映されていったと思われます。『国史大辞典』や若干の百科事典は村上氏の論文を参考文献に掲げていますし、『朝日 日本歴史人物事典』（平成6）に至っては村上氏自身が鈴木重成の項を担当したのでした。いささか一篇のドラマに似ないでもありません。

平成十五年が鈴木重成歿後三百五十年の節目にあたったことから、天草では鈴木代官関係の史料集を編纂する議が起こり、鶴田倉造・寺沢光世両氏を中心に平田豊弘・本多康二両氏も加わって『天草代官鈴木重成鈴木重辰関係史料集』を編集、天草の関係者多数の後援を受けて刊行しました。未見のものを含め貴重な史料を数多く収めることが出来ましたが、その成果に立った鈴木重成伝が構想されるまでには至りませんでした。

しかし平成二十八年の天草はキリスト教宣教開始から四百五十年、翌二十九年は天草島原一揆終結から三百八十年という時点にあり（ついでに言えば、ヨーロッパはルター派、反ルター派が対立したまま五百年）、何だか振り返って確かめたいこと、考えるべきことが多々あるように思いました。おのずから〝鈴木重成とその時代〟を見つめ直す機会も多くなってゆきました。折しも、前著『評伝　天草五十人衆』以来のお付き合い、弦書房の小野静男さんから、「鈴木重成には、まだちゃんとした評伝が無いんですよねえ」と、唆すような有難い誘い。そういわれれば確かにそうなので、わたくしは不敏を顧みず、老骨に鞭打たねばなりませんでした。

鈴木重成の評伝をものするとなってハタと困惑するのが、史料のあまりの少なさ、或いは偏(かたよ)りです。これまで幾人もの書き手が評伝に、小説に、或いは戯曲にと目論みながらそこで立ち竦み、執筆を断念しています。生国や家系、家族のことには概ね不安は無いとしても、少年期から青年期をどこでどう過ごし、どのように自己形成を図ったのか、まるで記録を欠いています。おぼろげにも記録に顔が出るようになるのは大坂の陣あたりからで、幕臣となって少し見え始める。それでも伝記的事実の詳細をきちんと跡付けることはほとんど不可能ですし、人柄を窺うことができるような逸話に乏しく、幕府代官としての公的書状は多いけれども、私信や詠歌、日記はもとより、形見の筆硯・刀剣・衣服の類も残っていない点では、兄の鈴木重三(しげみつ)（啓蒙的仏教者・鈴木正三(しょうさん)）とはまるで比較になりません。

しかし、多田富雄さん（免疫学者。平成22年歿）が青春回想の書『残夢整理』のあとがきの中に「切実に思い出すと私の死者たちも蘇る。本当である」と書いていて、これは実に啓示的でした。多田さんは昭和天皇の殯葬(ひんそう)の礼に列席した時の体験を経てそう書いたのですが、遠く過ぎ去った青春の日々をともにした一人ひとりについても、「切実に回想すればいつでも彼らに会えることを知った」と書くのです。むろん青春の回想記と江戸時代の代官の一代記とではまるで事情が異なります。次元が違うと言ってもいい。でも多田さんは、わたくしに〝切に思うことが足りないのだ〟と言っているようなものです。こうして腹は決まりました。史料の不足は紛れもないが、それを託(かこ)つことはすまい、と。

その分、本書は時代思潮、社会の諸相など主人公を取り巻くさまざまな環境を取り上げ、それに筆の多くを費やしながら、天草に捧げた三河武士の生涯を、切なる思いで見つめてゆくことになります。語るに際しては、特に次の五点を重視してゆきたいと思います。

❶これまで謎の空白期間とされてきた、天草島原一揆終結（寛永十五年二月）から天草代官拝命（寛永十八年九月）までの三年半を、藩領・幕領二重統治体制下の〝特命代官〟時代だったと見て、その間の動静に注目する。

❷天草島原一揆のような悲劇を二度と招いてはならない、――そんな鈴木重成心底の思いと、「民を利する」を第一義とした統治の在り方を中心課題として見つめる。

❸大坂城で落命した豊臣家臣と原城で落命したキリシタンをともに仏式で供養した重成の振舞いに注目し、わが国における敵味方供養、怨親平等観について考える。

❹キリシタンによる（一神教由来の）神仏信仰排撃、日本側からの（祖国防衛的な）キリシタン排撃、絵踏み、潜伏キリシタン、現代の宗教間対話といった問題意識の持ち込みを躊躇しない。

❺年貢負担の大幅軽減と、いわゆる石高半減の意義とを問い直す。従来天草の〝石高半減〟は、天草島民塗炭（とたん）の苦を除くため代官重成が自刃までして嘆願した結果実現したもの、と受け止めることが一般でした。そして、にもかかわらず（石高半減の）万治検地を画期に島民の生活が目立って上向いたわけでもないのは何故なのか、私たちは何も解っていなかったのではないか。そこで今回提示するのは、かの天草島原一揆終結から二十年が過ぎた時点で、鈴木重成・重辰（しげとき）二代にわたる治政の間に天草は「もはや戦後ではない」ところまで回復した、――徳川幕府はそう判断し、石高を実態に合わせるのと引換えに年貢率を全国標準に引き上げた、というものです。富岡城破却もほぼ同じ線上で捉えられるだろう、と見ました。

これらを中心にして〝鈴木重成とその時代〟を概観する新しい観察地点に近づき得るのではないか、

と考えています。

友人に「蟹はおのれの甲羅に合わせて穴を掘る」ものだと教わりました。頼りない甲羅しか持ち合わせない身は果たしてどんな穴を掘るのか。どれだけ思いを凝らしても、偉大な相手の、袖の片端にでも触れられるのか、実に覚束ない、です。

それでも、確かにそうだと言えることをそうだと語り、精々読みやすくを心がけ、真心こめて書いてゆきます。今の時代、このような本に存在理由があるのかどうか。読者のご同情とご清覧を願っています。

・第一章・
三河今昔

吾が参兵、剛渋ノ気象アリ（徳川家康）

「土地には、その土地その土地、特有の気と力がある」

誰かがそう言っていたのを思い出します。

鈴木重成の故郷、愛知県豊田市の足助町とその周辺にも、紛れもなくそれがあるようです。

木を見ていても、

川の音を聞いていても、

それを感じるというのは思い過ごしでしょうか。

「吾が参兵、剛渋ノ気象アリ」――徳川家康が三河武士をそう評したのを思い出しながら、巴川の瀬音に聞き入りました。

鈴木重成のふるさと

鈴木重成生誕の地は、今の豊田市則定町（のりさだ）です。江戸時代には足助（あすけ）の庄（しょう）・則定村、明治の町村制施行後は足助町（大字）則定として歩んできただけに、歴史的、文化的に両者は区分が煩瑣になりかねない。ですからここでは足助と則定はあまり境目を立てず、鈴木重成の故郷を表すことばとして同じように使わせてもらおうと思います。ズームレンズのちょっとした引き加減、といったところでしょうか。

足助はただでさえ奥まった豊田の、さらにずうっと奥で、…香嵐渓（こうらんけい）（口絵①）はもちろん有名な観光地だけれど、奥まってどっしりとした自然環境が印象的です。人々の質朴な感じもそれと切り離せないのかもしれなくて、いつ訪ねても得難い思いを味わいます。内陸の豊かな山が豊かな水を生む。滔々（とうとう）たる巴川の流れもまた、土地の持つ力、懐の深さのようなものを感じさせます。

それにわたくしは足助八幡宮（口絵②）のほか、足助の香積寺（こうじゃくじ）、綾渡（あやど）の平勝寺（へいしょうじ）、王滝の妙昌寺などの禅刹（ぜんさつ）に惹（ひ）かれるのですが、いずれも大地に根を張って直立、聳立（しょうりつ）する杉・檜がえもいわれず、幾百年の時を経て神さびた感さえあるのに打たれます。小手先のことはここでは相手にされないだろうな、という印象にも繋がっています。以前は毎年のように鈴木正三研究会の関係で出向いていたので、お付き合いも増えました。

そのなかの一人、柴田豊さん。正三研究会の事務局長をつとめたこの方は、近ごろ足助・則定の皆さんが四十何名かで鈴木神社（熊本県天草市）を訪問することになったとき電話してきて、みんなと一緒に行きたいのは山々だけど、自分はもうトシだから長旅は無理だってことを、あの辺りの抑揚でこうおっしゃるんですよ、

「田口さん、わたし八十六にもならせてもろうてねぇ……」

って。しびれてしまいました。

また、ひとりひょっこりやってきた愛知県某市の課長氏は、

「家康の関東移封のとき、優秀なのはみぃんな付いて行っちゃって、それからというもの、こっちはずうっとスッカラカンですよ」

って言って涼しい顔をしていました。愉快といえば愉快、…直言型なんでしょうね。

それにしても、鈴木正三・重成兄弟も故郷を離れて、その家康に従ったりしたわけですけれど、生地の則定の陣屋跡周辺には、いま〈正三みち〉があり、〈鈴木正三史跡公園〉が整備されていますね。地域の方々の、先人を追慕し今に結ぼうとする熱意が静かに脈打っているのが感じられます。

一帯の中心には安藤孝洋作、ブロンズの〈鈴木正三・重成公像〉が建ち、正三を学ぶための資料館も用意されています。ブロンズ像は、天草で正三を出迎える重成、といったイメージで造形されていて、

「きずな　鈴木正三・重成公像」
（愛知県豊田市則定町）

台座に刻まれた建立趣意の末尾にはこの像が「きずな」の題をもつことを、「寛永十九年（一六四二）六十四歳の正三は、弟の天草代官重成（五十五歳）の招きに応じて、天草・島原乱後の復興におもむき、兄弟の強いきずなで立ち向かう」と説明しています。しかし「きずな」というのは兄弟間のそれを指していうだけでなく、遠く隔たった足助と天草が、実は正三と重成の縁によって強く結ばれていることを示すものでもありました。それは像の周りに足助の町木・さざんかと天草の当時本渡の市木・樫の木が植えられたことでも判ります。

平成十六年十二月にその除幕式があり、わたくしも呼ばれて出向きましたが、則定地区をあげての盛大な祝典の思い出は今なお脳裡に鮮やかです。則定の氏神は、むろん熊野神社です。

足助のことをもう少し

この機会に、鈴木重成の故郷・足助の今昔について、もう少し話題を拾っておきましょう。

❶香嵐渓。足助といえばまず何といってもここでしょう。向こうの方々とお付合いが始まったころ、

「足助がいちばん美しいのは香嵐渓の紅葉です。で、ね、田口さん、その紅葉のころ足助に来ちゃいけません」

そう言ってわたくしを驚かした方がありました。亡くなられた高橋秀豪さん。東海地方随一、国内でも屈指の紅葉の名所とあって、その季節の香嵐渓は観光客が殺到、ために足助の交通渋滞のひどさは話題になっていたと後で知り、合点がいったのでした。しかしわたくしは、新緑のころ、青葉のころの香嵐渓も好きです。

その楓（かえで）を巴川河畔に最初に植えたのは三栄本秀和尚というお坊さんだそうで。三栄は鈴木正三と同時代の人、〈香積寺〉十一世です。伝えによると、和尚は般若心経を一巻誦するごとに楓と杉の木を一本ずつ植えていったのだそうです。こんにちの紅葉の名所としての盛名も、その始まりはそういうところにあった。それに近代になってどんどん植え足していったのですね。

ところで、三栄和尚が病んだとき正三が香積寺に見舞ったという記録が『驢鞍橋（ろあんきょう）』に出ているほか、二人には随分親交があったことが判っています。道友だったんですね。

❷街道（かいどう）のまち。足助は三河から信州へと通じる〈伊那街道〉をはじめ、多くの街道が経由するところか

ら、古来、交通の要衝として知られました。三河―伊那を結ぶ道は古くからあり、戦国時代には武田信玄の軍団が往来していましたし、江戸時代にいわゆる五街道が整備されると、この道は中山道の重要な脇往還として発達しました。他に美濃へ通ずる道、鳳来寺（新城市）へ通ずる道、名古屋への道、岡崎への道などが交錯し、現存する江戸時代からの道標には「右ほうらい寺道　左ぜんこう寺道」とか、「右いせなごや道　左松平さい郷道」とか刻まれているのがあります。

　運搬された物資のうち、もっとも重きをなしたのは塩でした。三河湾で製した塩が山国の甲信地方まで運ばれ、〈塩の道〉とも呼ばれました。物資の輸送には巴川、足助川、矢作川などの存在も大きかったといいます。また今の道標の例でも判るように、街道は寺社への参詣道として発達した面もありますね。おのずから旅人相手の商売、旅籠などが広がってゆきました。

　関ヶ原に進軍する家康が東海道から足助街道に入ってきた日のことを、あとでゆっくりお話しするつもりです。

❸町並み。足助の町はこのように旧伊那街道沿いに形成されたのですが、〈足助の古い町並み〉として知られるのは足助川両岸の二キロ余り。現在その町並みを形成している町家は、文化文政期（*1804–1829*）に築造されたものが多いとのことです。白壁の塗りこめ造り、連なる土蔵など、重厚なたたずまいが旅人の目を引きつけています。平成二十三年に国の〈重要伝統的建造物群保存地区〉に選定されたのも宜なるかな、です。ジュウデンケンというんですね。どうやらこの町には〝古いものこそ新しい〟を標榜するリーダーがいて、またそれを地道な人々が支えているのではないか。

　三河の山野が産する山牛蒡の滋味、その他話題は多いのですが、深入りすると本題が遠のくばかりなので、このへんで方向を転じることにしましょう。

徳川家康、三河武士を「剛渋の気象あり」と評する

さて〈三河武士〉といえば、昔から質実剛健で通っていますが、「鈴木氏系譜」には――この系譜のことはあとで取り上げるつもり――家康が三河武士評をしたことが出てましてね。重成の父・重次の項に出ている挿話です。

「吾が参兵〔＝三河の将兵〕、剛渋の気象あり」

と。だから頼もしい、と言っている。

「剛渋」とはおよそ見かけない言葉ですが、字義としては剛毅でも剛勇でも剛直でも構わないはず。造語なのか、家康周辺では普通に使われていたのか判りませんけれども、漢音でいうジュウ（渋）も、和語のシブイも、すんなり事が運ばないことをいうので、言葉に関して言えば、口べた、口が重いということでしょう。飾りっ気なしで口数の少ないのを一般には木訥（朴訥）といいますから、家康の「剛渋」は〝剛毅木訥〟と受け止めていいのではないでしょうか。巧言令色というか、口舌が嫌いなんでしょう。口舌と小利口の反対側にある、寡黙や不器用さや一途さ。そこにしばしば透けて見える骨太なもの。愚直なまでの、ごっつりした善良さや正直さ、或いは切迫した思いといったもの。……笠智衆、三船敏郎、高倉健など寡黙型俳優の高い人気は、そういうものをよろこぶ我々の心性に根ざしているのかも知れません。「苦みばしったいい男」だとか、「男は黙ってサッポロビール」だとか…。

その渋いという字が大いにものを言ってるのが家康のこのエピソードなので、ここでその全体を見ておきましょう。

慶長五年1600九月一日、家康軍は江戸を進発して関ヶ原を目指します。三河に入ったとき（たぶん九日）、重次が自家の柿を籠に入れて献上したというのです。

家康はその柿の赤く熟したのを見て「日の如し」と言い、「これ戦勝の瑞（ずい）（＝めでたいしるし）にあらずや」と喜びます。そして三河の将兵はこの柿のように「剛渋の気象」に富むのだから、西軍の首をことごとく掻き取るに違いない、実に十万の援兵を得た思いだ、と感悦し、その柿に「古志武」という名

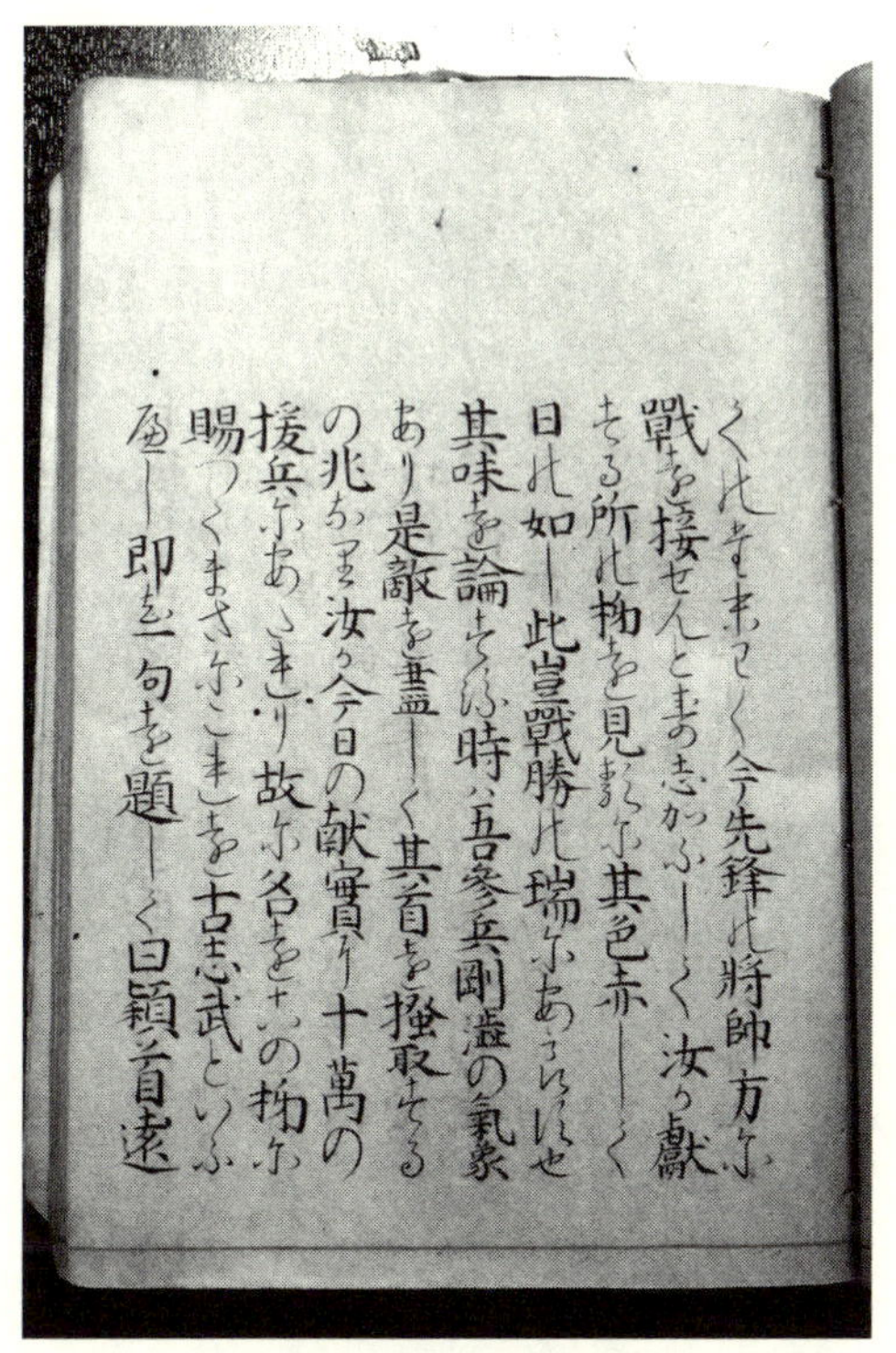

「吾が参兵、剛渋の気象あり」
（鍋島茂樹氏蔵「鈴木氏系譜」）

を与えました。さらに家康の上機嫌は止まらず、即興で
「ほくびをもかきとる秋の最中かな」
と詠み、傍らにいた本多忠勝、――あの徳川四天王の筆頭と目される剛の者が
「鎌槍とりて嚮ふ月影」
と付けたので、一座「万歳！」と唱えたというのです。男たちのさんざめきが聞こえるようです。
家康の上の句は、穂首…柿（掻き）取る…で、表向きは「稲を刈り柿をちぎる季節、…今や秋たけなわよのう」などと暢気なことを言っているようで、実は「機は熟したり。いざ決戦の秋なるぞ」ということなのでしょう。さらには「三成どもの首を存分に掻き取ってやろうぞ」ということになる。すると本多忠勝の下の句は「エイエイ、オウ！」と言っているに等しい。
家康の喜悦は思いも寄らぬほど大きいものでした。何を大袈裟な、と感じる方もありましょうが、実はそうでもないんですね。一行は徳川の命運をかけた大戦に向かっています。戦国日本の武将たちはこんな場面で連歌をやることが珍しくありませんでした。歌句に予祝を（時には敵への呪詛を）込めたのです。重次献上の柿が赤く熟しているのを見た家康が「戦勝の瑞」だと言い、十万の援兵を得たようだとまで言って一句詠みかける。稲を刈りとると言わず、柿にかけて〝穂首をかきとる〟と言いなしたとき、そこに早くも〝敵の首を掻き取る〟が透けています。その意をキャッチした本多忠勝がすかさず（たぶん、いくらか芝居がかった声音で）「鎌槍とりて…」と応じる。将兵の士気はいやがうえにも高揚し、「万歳」（当時の発音ではバンゼイ）の連呼となってゆきました。すなわち、一座は連歌による戦勝予祝の場となったのです。彼らにとって連歌がただの風流韻事でなかったこともこれで解ります。そして何よりもここ

では、家康が柿の渋さに三河武士の渋さ――剛毅木訥の気風を重ねて「吾が三兵、剛渋の気象あり」とよろこんだことを記憶にとどめておきたいと思います。

鈴木氏系譜が伝えるこの逸話は印象深く、それだけに後世の編纂物にも収録されてゆきました。わたくしの承知する限りにおいても、幕府編纂の史書『徳川実紀』―東照宮御実紀附録巻二十二の最後―と、幕末の書物奉行・近藤重蔵（号、正斎）が著した『右文故事』―近藤正斎全集第二巻―の二つがあります。

閑話休題。重次はこうして関ヶ原を目指す家康の一団に加わり勇躍出陣して行きました。そこには既に四十五歳となっていた重次が武具に身を固め、勇んで馳せ参じた古武士のような姿がありました。

重次が加わった家康軍は東海道を西へ、重成の兄さん重三が属した秀忠軍は中山道を西へ進軍しました。しかるに秀忠軍は途中真田昌幸軍に行く手を阻まれて難渋し、天下分け目の関ヶ原には間に合っていません。ですから重三は秀忠軍の一武者として参陣したものの、この時は関ヶ原の修羅をくぐったわけではありませんでした。

三河の国衆から譜代の臣へ

さて、家康に柿を献上した逸話には三河国衆（在地の小領主）で則定城主たる鈴木重次の姿がよく出ていると思いますけれども、三河の国衆分布の様子を中村孝也『家康の臣僚』に見てみましょう。

この大部の著作は「鈴木一族は、東西加茂郡北部一帯に広がっていた大族である」とした上で、「鈴木一族の分布している区域は非常に広汎であった。足助に近い方から数えれば、阿摺（あすり）・則定（のりさだ）・矢並（やなみ）・

松平・鈴木・その他の国衆分布図（中村孝也著『徳川家康公傳』『家康の臣僚』による）

酒呑(しゅちのみ)・寺部(てらべ)・猿投(さなげ)・梅坪・九久平(くぎゅうだいら)・八桑などから（遠江に近い）八名郡の方にまで広がっている」としており、松平・鈴木その他三河の国衆の分布図（前頁）を掲載していて一目瞭然です。

重善から重次へと続いてきた三河の鈴木家は、矢並～酒呑～則定と少しずつ居所を変えただけでなく、時代の推移とともに松平・徳川譜代の家臣へとその性格を変えてゆきました。そのあたりの全体的経緯は北島正元『江戸幕府の権力構造』に詳しく、また足助にその人ありと言われた鈴木茂夫さんも「元亀二年（一五七一）以後引きつづいた鈴木家の松平家臣化」に注目しています（『足助町誌』）。

三河鈴木一統の中で、中村博士が「酒呑・矢並系鈴木氏」と命名したこの家系は、重次以後は則定に陣屋を置いたので、こんにちでは〈則定鈴木〉と呼ぶのが普通になっています。

則定陣屋は語る

鈴木家代々の動静は次章「鈴木家の系譜をたどる」で見てゆくとして、その前に則定の陣屋についてあらまし見ておく必要があるでしょう。この件は、従来一般にはあまり知られていなかったのですが、さいわい足助町の鈴木茂夫さん、岡崎市の柴田知憲さんに綿密な調査がありますので、それらによりかかりながら〈則定陣屋〉を概観することにしましょう。口絵5参照
則定陣屋は鈴木忠兵衛重次が慶長五年 *1600*、関ヶ原の戦の功により五百石、七ヶ村（則定・山中・寺澤・丹波・上貝戸・上八木・市ヶ瀬）の知行所を拝領したときから始まります。元和六年 *1620* に重成が家督を継いでからは二ヶ村を加え、七百石を知行しました。その知行地を管轄する陣屋は椎城(しいじょう)の山麓、岡

崎と足助を結ぶ七里街道沿いの高台に設けられました。

重次の子孫（重三、重成以降）は江戸駿河台に拝領屋敷を与えられました――第四章でいくらか詳しく述べる予定です――が、屋敷はその後幾度か移転し、瓦解直前には二合半坂（靖国神社近く）に移りました。

その家政は用人以下の江戸屋敷詰め家臣が担当したそうです。彼らの多くは「渡り用人」だったようですが、知行所出身者が江戸屋敷に詰めることもありました。

則定陣屋の運営や知行所の村々の統治は江戸屋敷の地頭所役場からの下知に従って行われていました。歴代の当主は江戸に居を構えているのですから、陣屋は現地の代務者が運営に当たったわけです。また命ぜられた家臣（岡田家など）が陣屋内に住んで建物や武器類の保守管理に当たる時期もあったということです。

その岡田家が預かっていたのは重次が家康から直に拝領した一挺を含む鉄砲十八挺、馬具一揃、手鎖七手、槍五筋、はっぴ二ツ、高提灯二張、御供合羽二ツであった由。これは驚きですね。鈴木茂夫さんも生前「このことは則定鈴木家を考えるとき大切な要素である」と述べていました。柴田さんの言――

幕府の軍役令で一千石の旗本が常備すべきとされた鉄砲は一挺であった。陣屋に十八挺の鉄砲を常備していたことや、陣屋の土塀にたくさんの鉄砲穴があけられていたことから、則定鈴木氏は本来鉄砲（砲術）をもって徳川氏に仕えていたものと思われる。さらに設置当初の則定陣屋は、交通の要所七里街道を守衛するという軍事的な役割を担っていたものと推測できる。

（柴田知憲『則定陣屋史概観』）

絵図を見ると確かに鉄砲穴（銃眼とも狭間ともいう）がたくさん描かれています。そこで思い出すのが足助八幡宮例年のお祭りに火縄銃発射の実演が行われていること、同社には扁額「鉄砲的打図板額」（愛知県指定重要文化財）が奉納されていることなどで、これらを併せ考えると、確かにこの地域には関連のものが何かありそうで、後年の鉄砲奉行・鈴木重成につながってはいないか、という気さえしてきます。その可能性は小さくないと思いますが、今にわかに関連付けることは差し控えておきましょう。

鉄砲的打図板額（足助八幡宮蔵）

豊田市山中町に正三が開いた浄心寺（もと阿弥陀堂）があり、ここに則定鈴木家累代の位牌が安置されています。位牌を納めた立派な厨子には、安政二年 1855 に当主鈴木政善と則定陣屋の公用人・代官・割元により新調したと記されていて、鈴木家と陣屋役人・地方役人との強い結びつきを窺わせています。陣屋の運営に携った役人たちは、知行所各村に居住しながら各村の庄屋より上の立場にあり、則定鈴木氏家臣としての身分と俸禄を与えられていました。

こうして鈴木家の則定陣屋は幕末まで続き、明治二年、元旗本家の知行権停止により重備の代に閉鎖されました。江戸時代の最初期から最末期まで変わることが無かったのですから、これはまあ凄いことでしょう。その陣屋跡地が現在の豊田市立則定小学校です。

＊ **足助八幡宮と縁起**　足助八幡宮は白鳳年間の創建と伝える古社で、鎮座地の豊田市足助町宮ノ後は紅葉の名所〈香嵐渓〉の入り口に当たります。古来、加茂郡足助郷の惣社として幅広い信仰を集め、また征夷大将軍となった源頼朝が建久二年 1195 に参拝、現在の神領を寄進するなど武門の守護神として篤く崇敬されました。十月の例祭は二日間、町方と在方とにより古式を守って勇壮盛大に行われ、たいそうな賑わいです。優美な桧皮葺の本殿建物（文正元年 1466 再建）は国の重要文化財に指定されています。

鈴木重成もまた当社尊崇の念あつく、古伝の「足助八幡宮縁起」を書写・奉納したいと願っていました。しかし念願を果たさぬまま他界したため子の重祐が亡父の遺志を継ぎ実現します。即ち鳥の子紙に截金を置いた上等の料紙に四人の公卿が分担書写、これを巻子装に仕立て、延宝六年 1678 二月に「奉寄進／参河國加茂郡足助八幡宮御縁起」と箱書きして納めたのです。その時、自身が書写した般若心経一巻を添えました。

足助八幡宮を軸にした父と子の物語。心を動かされるのはひとりわたくしばかりでもありますまい。

・第二章・

鈴木家の系譜をたどる

遠祖重善、紀州藤白ヨリ参州矢並郷ニ移ル。世々之ヲ称シテ参河国鈴木氏トイフ。

（「鈴木氏系譜」）

全国鈴木サミットという集いがあります。〝鈴木さん〟発祥の地、和歌山県海南市の藤白神社から始まった集いです。

皆さんが天草に集まり、鈴木神社に詣でた第六回サミットでの懇親会。京都から参加した若い女性は、マイクを手にこう言いました。

「これまで〝鈴木さん〟は身の周りに余りに多くて、だから平凡で、自分の名字をいいと思ったことは一度もありませんでした。きょう鈴木神社にお参りして、かつてこんな立派なお侍さんがいたことを知り、今なお天草の人々に慕われ敬われていると知って考えが変わりました。バスの中が全員鈴木さんなのは当たり前ですが、皆さんがまたいい方ばっかり。…お嫁にゆくときは鈴木さん家に行きたいと思います。皆さんどうぞよろしく！」

万雷の拍手を浴びたことは言うまでもありません。

〝鈴木さん〟の一統である〈則定鈴木〉——鈴木重成以前・以後の一家の歩みをたどり、あわせて徳川家康像についてもいささか〝御身拭い〟を試みるつもりです。

鈴木氏の淵源

徳川幕府の修史事業の一つに『寛永諸家系図伝』がありますが、寛政年間（十八世紀末）にそれを補筆改訂して成ったのが『寛政重修諸家譜』――通称、寛政譜――です。「万石以下、拝謁以上のともがら家系を差出すべし」との触書に応じて鈴木三郎九郎家も当然資料を提出します。

ただ前章でも話題になったように、「系譜」にあっても「寛政譜」では省かれたり簡略化されたりした部分が多くあります。そこで鈴木家では、寛政譜の記述を重んじて「今の呈譜には…とあり」などとした上で、家伝の記録を書き加え、いわば〝完全版・鈴木氏系譜〟として編集したようです。

今の「鈴木氏系譜」は重成から五代の末裔・鈴木和政が文化年間に浄書、完成させたもので、原本は鈴木三郎九郎家末裔につらなる鍋島茂樹氏（千葉県市川市在住）蔵。持ち重りする、立派なものです。私たちは今、鍋島氏蔵のその原本を基本資料として則定鈴木歴代の歩みをたどろうとしています。もちろん寛政譜も近現代の研究資料も参照しながら、しかしできるだけ簡潔にまとめてみたい。ただし当面は重成の父・重次までとします。

「鈴木氏系譜」は鈴木氏の淵源を次のように書き始めます。

> 鈴木氏の系は櫛玉神饒速日命より出づ。本姓、穂積氏。遠祖重善、紀州藤白より参州矢並郷に移る。世々之を称して参河国鈴木氏と為ふ。（原漢文）

ここにいう櫛玉神饒速日命は記紀神話に登場する天つ神の子（古事記では「饒速日命」）で、物部氏・穂積氏・采女氏の祖とされます。

その穂積を本姓とする鈴木氏は紀州熊野に発祥し、熊野速玉大社で神祭にあたったとされます。十一世紀ごろ熊野を離れ、紀州藤白に移ってここを本拠にした模様で、そのころから「重」が鈴木家の通り字になりました。鈴木氏が各地に進出し繁栄していった背景には熊野信仰の広がりがあったことは世上言われるとおりですが、後年徳川家康の関東移封が三河鈴木の関東への大量移動を伴ったことも要因のひとつでしょう。現在鈴木姓を名乗る人は約二百万とされます。

幕の紋は〈下り藤の丸〉と〈菊水〉の二つ。家の紋は〈抱稲穂〉〈三烏の丸〉〈下り藤の丸〉の三つ。〈下り藤〉の藤は本拠地・藤白に因み、陣幕にのみ用いる〈菊水〉は楠正成からの贈物（本書36頁）をそのままに。〈抱稲穂〉が本姓の穂積に由来することは言うまでもありますまい。〈三烏〉の烏は、熊野で神武天皇を導いた八咫烏に因みます。ただし藤紋や烏紋の〈丸〉は付けないことも多く、口絵4（則定鈴木累代の位牌を納めた厨子の扉＝豊田市山中町・浄心寺）もそうした確実な例です。稲穂紋は則定陣屋に安置されていた厨子の紋同様、一般に知られる稲穂紋とはデザインが大きく異なります。

鈴木氏の家系は遥かなる太古、神武天皇と同時代に始まるという古いものだけに、「系譜」の筆者も古伝の扱いには慎重で、古記録には正確を期しがたいところありと記しています。従ってここでもその逐一を追うことはせず、〈三河鈴木〉の祖から話を始めることにします。三河鈴木の系統としては則定鈴木、酒呑(しゃちのみ)鈴木、九久平(くぎゅうだいら)鈴木、渡会(わたらい)鈴木などが有力ですが、ここは鈴木重成に直接つながる則定鈴木、その〈鈴木三郎九郎家〉の流れに沿って略述します。

忠毅なる人びと――矢並〜酒呑〜則定鈴木氏累代

1　重善　三河鈴木の祖とされる人物。平内大夫。伝承によれば鈴木重邦の次子。保安元年 *1120* 紀州藤白の生まれ。兄の重倫が平治の乱で戦死したため代って二人の子（重家・重清）を養育しました。二人の養い子は源義経に仕え、奥州高館へも随従したため重善もこれを追いましたが、途中三河の矢作(やはぎ)で脚疾を患って歩行困難となる中、義経主従の全滅を知って加茂郡高橋庄矢並(やなみ)にとどまったとされます。猿投(さなげ)山に庵を結び善阿弥(ぜんなみ)と称しました。のち矢並に医王寺を開きます。承元二年 *1208* 十一月朔日入寂(にゅうじゃく)。注釈を付ければ、医王寺は当初天台宗、のち荒廃した堂宇を鈴木正三が修復、江戸時代中期に高外全国が曹洞宗に改宗して晋山した寺です。大正十一年にはここで善阿弥七百回忌の諸行事が盛大に執り行われました。医王寺裏手の〈鈴木大祖廟(びょう)〉造立(ぞうりゅう)も、「鈴木氏系譜」の写しもその時のことです。

2　重基　重善三男。紀州藤白生まれ。高橋庄市木郷を領する。嘉禄二年 *1226* 二月死す。

3　重晴　重基の子。市木郷に生まれ弘安六年 *1283* 死す。

4　重宣　重晴の子。矢並郷に生まれ延慶元年 *1308* 死す。

5　重政　重宣の子。足助郷に生まれ正慶元年 *1332* 死す。

6　重範　重政の子。足助の秬生（きびう）城に生まれる。通称、次郎或いは次郎左衛門。南朝に忠勤しました。系譜の筆者は、重範（A）が足助の真弓城に住み足助次郎と称したとしながら、後醍醐天皇に忠勤を励んだ足助次郎重範（B）とを同一人物とすべきか躊躇しています。寛政譜は同一に扱っていますが、Aは正応五年 *1292* に生まれ貞治元年 *1362* 足助で七十一歳で死去したとあり、Bは複数の資料により元弘二年 *1332* 京の六条川原で斬殺されたことが判っている（この時三十二歳）ので、両者は明らかに別人です。Bの笠置山での奮戦剛勇ぶりは『太平記』にも書かれて有名ですが、誤ってか意識的にか、それがAの事績に貼り付けられたようです。ただ、子の重員、孫の重勝がともに南朝方に忠勤したと記録されていることも無視できません。というのも、家康は永禄九年 *1566* に松平を徳川と改姓しましたが、これは源氏の名門新田氏の一族得川氏の子孫を自称したことによると言われており、次項の軍幕のことも併せ、南朝の忠臣を輩出した鈴木家、という記述ぶりが目を引くからです。

7　重員　重範の子。大和に生まる。妻は楠正成（くすのきまさしげ）の女（むすめ）。新田義貞に属して戦功あり。弘和（永徳）三年 *1383* 死す。五十五。鈴木家の〈菊水〉の軍幕について「楠正成の婿と為る時、正成、菊水の軍幕を重員に贈り、婚姻の信と為す。因りて世々幕の紋と為す」と伝えます。それはそれは家の大きな誇りでありました。

8　重勝　重員の子。矢並郷生まれ。南朝、松平初代親氏、二代泰親に仕えて功が大きかった。応永三十三年 *1426* 死す。

9　重就　重勝の子。矢並郷に住む。松平二代泰親、三代信光に仕え文正元年 *1466* 死す。

10　重時　重就の子。足助庄酒呑郷に移り住む。文亀三年 *1503* 死す。

11　重興　重時の子。酒呑郷に住む。松平四代親忠、五代長親に仕え弘治二年 *1556* 死す。

12　重信　重興の子。次郎左衛門と号し酒呑郷に住む。松平六代信忠、七代清康、八代広忠、そして九代の家康に仕えました。天正二年 *1584* 十一月十一日死す。七十一歳。系譜は「重信、人となり仁厚にして識鑑もまた甚だ人に過ぐ。郷党以て長者と称す」と誌しています。その識見、人格、人望、そして徳川への忠勤など、ここまで称揚された人物は系譜中比類がありません。重成の曽祖父にあたります。みずからの老いを感じた重信は子弟・一族を集め、家康についてこう語りました。「吾公のひととなりを察るに、実に神武仁明、天縦の良将、済世の賢主たり〔=武威、仁愛、明哲を具えた、生まれつきの名将、世を救う賢君である〕」と。さらに言葉を継ぎ、保元の乱以来四百何十年の乱世に終止符を打ってこの国を「掃清」しうるのはこの「曠世の明主〔=不世出の明君〕」を措いて無い。我が鈴木家は「幸ひにこれに仕へて奕世〔=代々〕以て其の恩を受く。嗟汝儕既に遇ひがたきの君に仕へて、又会し難きの運に乗ぜり。如し此の際にあつて国に殉じて其の忠誠をあらはさざらんは、何れの時か其の功を立てんや。汝儕よろしく我事にしたがつて以てこれを懋むべし」と諭したのです。ここには、重信自身の「識鑒」の高さも、またそれにとどまらない忠毅（＝忠誠をつらぬいて挫けない）のほども、さらには系譜筆者のただならぬ語彙力・文字力までもが歴然としています。

13 重政

重信の「嫡長子」。享禄元年 *1528* 酒呑郷に生まれる。永禄二年 *1559* 甲斐の武田信玄軍が三河に侵入したとき猿投山麓で戦死、三十二歳。大簗山妙昌寺に葬られました。

妙昌寺は無外円昭が庵を結んだことに始まる曹洞宗の寺。重政を葬って以来、世々鈴木家の菩提寺となりました。豊田市王滝町の幽邃の地にあり、その墓所には重成、重祐など累代二十二人、十九基の墓碑を拝することができます。

「大神君〔家康〕、重政は鈴木氏の正冑〔跡継ぎ〕にして蚤く国難に死するを憫みたまひ」、

菩提寺の妙昌寺（豊田市王滝町）写真左の鐘楼にはかつて鈴木正三寄進の鐘があった。

まだ五歳と幼い遺子・重次は叔父の正勝が假父となって養育しました。重成の祖父・重政はこのように若くして戦死しましたが、武芸のみならず、兵法の学にも漢詩文にも秀でた人でした。系譜は「重政嘗て戦争の間に於て苟しくも余暇あるときは勤学廃せず。最も韜畧〔兵法書の「六韜」と「三略」〕に精し。兵法の書読まざるところなし。而してかたわら文辞を工にす。著す所『兵学摘要』五巻、『瓦屑詩集』…」と誌している。辞世の七言絶句「相奪三軍猿投山／月涼水清絶塵環／行年四八南柯夢／蜀魂一聲一魄閑」が伝わる。

14　重次

重政の「嫡子」。弘治元年 *1555* 則定邑に生まれる。母は鈴木左京進の女。五歳にして父を失い、「東照宮のおほせによりて」叔父政勝に養育されたことは前項に記しました。長じて「天正中、三河国岡崎、遠江国浜松及び駿河国に於て数大神君〔家康〕に謁し奉る」「慶長五年 *1600*（…）鈞命あり、列して朝士となる」「大神君征討の事ある毎に政勝と同じく駕に従ひてつねに陣に臨まざることなし」「大神君石田三成を美濃国関原に誅す。重次駕に従ひて又戦功あり」五百石を拝領する。「慶長の末、大阪冬夏の役、重次其の三子、正三・重成・重之を率ひて駕にしたがふ。各々戦功あり」「重次（…）常に老いを養ひて則定の家にあり」「寛永五年 *1628* 戊申七月九日則定村に歿す。享年七十有四歳」。法名・月巖證心居士。妻は今川家臣たる粟生筑前守永旨の女で、法名圭璧貞芳大姉。

以上、重成の父まで、則定鈴木の系譜をたどりました。江戸幕府の成立から瓦解まで、この家はちょうど十代を算えます。[23] 重備は江戸に生まれ東京に晩年を送った人です。

◎則定鈴木家系図（＝は養子）

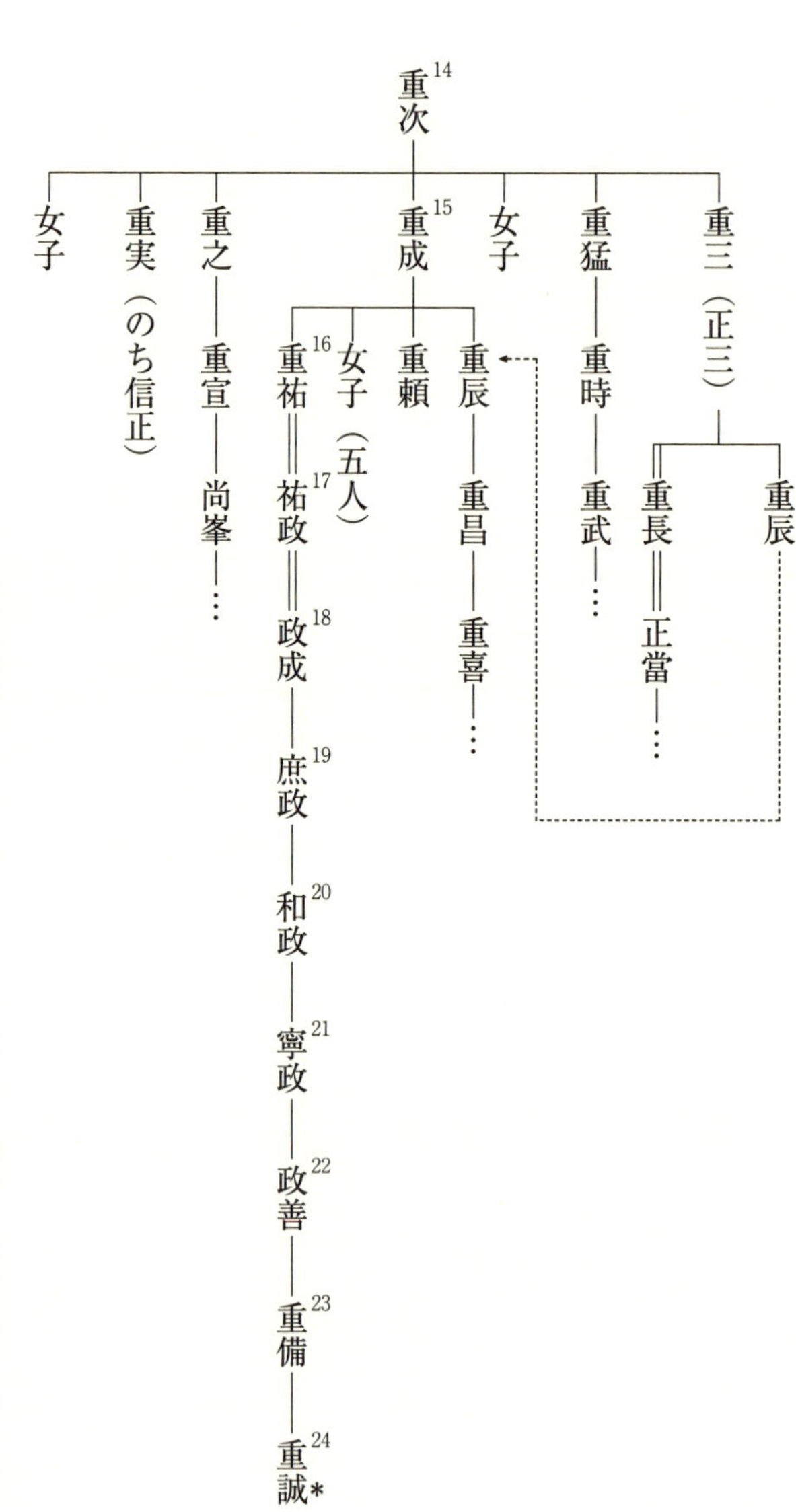

＊重誠に男子無く、一女・美恵子が家督を相続して東京市赤坂区青山高樹町に住んだ。鍋島家に嫁ぐとき「鈴木氏系譜」を持参した。

末裔のことなど

こうして歴代の歩みをたどる過程で、これまで注意を怠っていたことが多々あることに気づきました。その一。何といっても、稀代の思想家鈴木正三、名代官鈴木重成はともに突然出現したのではないのだ、ということ。当たり前といえばそれまでなのですが、歴世の人々——殊にも祖父、曽祖父——の跡をたどってそのことを強く感じました。

その二。武家の歴史は〝奉公〟の歴史と言っていいでしょうね。いかに戦場で勇敢に働き、それでいかに恩顧を被ってきたかが中心的に綴られる。しかし、重祐[16]以降はすっかり事情が違って——みんなが〝戦争を知らない子どもたち〟になるのだから——当然奉公の中身も大きく変わらざるを得ないわけで…。そんな泰平の時代に生き、奉公した末裔中ひときわ優秀な人物二人を挙げることが出来ます。いま言った重成次男の重祐[16]と五代後の和政[20]です。

重祐は父歿後間もなく五畿内の代官、のちに佐渡奉行に栄進した能吏です。上総に三百石を加増されたので、鈴木家は重次の代に五百石、重成の代に七百石だったのが、重祐の代に遂に秩禄一千石の旗本になったのでした。後年は御先手御鉄砲頭となって、一時は盗賊改を兼ねたりもしました。鈴木家を思い、父祖の地を思う心つよく、足助八幡宮に八幡宮縁起、菩提寺の妙昌寺には大乗金剛経その他多くのものを寄進しています（30頁参照）。

鈴木氏系譜の大成者・和政は二十代後半、昌平坂で経書歴史を講じたほどの人物で、漢学に優れ、将軍（十一代、家斉）から二度褒賞にあずかっています。この人も先祖を尊ぶ念の非常に篤い人でした。その念が鈴木氏系譜をまとめさせ、また先祖の事績をたどることでいよいよ鈴木家への思いを篤くしていったのでしょう。鈴木神社拝殿に掲揚している「和楽」の扁額は、天明八年 1788 十四歳の折の筆です。鈴木家で代々その遺勲を語り継がれてきた先祖の重成、正三、重辰の三者が天草の鈴木神社で合祀されるというので揮毫し奉納したものです。

末裔のことでは、中村孝也博士がくだんの書で重成を略述した後、

「子孫は無事に過ごした」

と書いて筆を置いてらっしゃるのが相当気になります。まるで「無事」が意想外であるかのような、謎

鈴木和政書「和楽」の扁額

選ばれた「和楽」の２文字は、一揆の時代の貧困と対立を克服しようとした重成の悲願を端的に表している。またそれは人類社会永遠の願いにも通じて「どうか人びとが末永く睦び和らぎ、心楽しい日々を享受できますように」との祈りともなる。額は今も鈴木神社拝殿正面に掲げられている。

めいた物言いですよね。重成自刃説を念頭においた表現なのでしょう。
享保十二年1727に則定鈴木初代・重次の百回忌法要が菩提寺の妙昌寺で行われたことを紹介しておきましょう。享保といえば、とうに（正三、重成など）子の世代は終わり、（重辰、重祐など）孫たちさえ他界した後のことになりますが、重祐の跡を継いだ祐政が中心となって重次の曾孫四人、玄孫三人等が参列し、さらに浄心寺裏手の林間に新たに重次夫妻の墓塔を建立しました。集まったこの人たちの多くは幕府内で重要な地位を占めていましたが、改めて鈴木一流の結束と繁栄とをつよく印象づける出来事でした。わたくしは最近も鈴木昭彦さん（さっき名の出た鈴木茂夫さんのご子息）の案内でその墓塔を訪れ、則定の陣屋が幕末まで続いたのも宜なるかな、の思いを新たにしました。

その三は、重政、重次、重成…と歴代「重」の字を名に用いてきたこの家から、重祐の後俄かにその重の一字が消えたことについて、です。これについては、寺沢光世さんが明快にその謎を解き明かしました。即ち、八代将軍吉宗の世子が家重と命名されたため、鈴木家では通り字の重の字の使用を憚り、政（または正）の字に替えた、というのです（『天草代官鈴木重成鈴木重辰関係史料集』年譜）。すなわち偏諱を憚ったのです*。それで重祐の子の祐政[17]から政善[22]まで、鈴木家は「重」の字を遠慮すること六代にわたり、幕末の重備[23]に至ってようやくもとに復した、というわけです。

「徳川の平和」の根源

さてここからは、ちょっとばかり家康論に入ります。鈴木家は松平家といろいろあった挙句その家臣となりますが、そのいろいろあった古い時代のことはここでは措くとしても、重次、重成が間近に仕えた家康が天下人となっていった時代のことは、少し丁寧に見ておいたほうがいいと思うのです。

まず、手元の人物事典の徳川家康の項はこんな風に締めくくられています。

> （…）幼少のころに不遇を経験したため、忍耐力に富み、また状況に対応する的確な判断力を備えて、諸大名の信望を集めた。狡猾な策謀家とみられたこともあるが、それは正しい評価ではなく、むしろすぐれた現実主義者であったといえよう。（『朝日 日本歴史人物事典』尾藤正英執筆、平成6）

家康は苦労人でしたね。二歳で母と生き別れ、六歳から織田の人質、八歳で父を喪い、その年から十五歳までは今川の人質でしょ。五歳で父親を亡くした鈴木重次をことさら不憫に思ったというのも、他人事ではなかったのでしょう。わたくしはこれまで、怜悧冷徹そのもののように見えた人が、逆におどろくほど涙もろい人情家の一面を持っているのを感慨深く見ることがありましたが、振れ幅の大きさは器量の大きさを映しているのかも知れません。

ともかく、家康は戦乱の世に終止符を打ち、泰平の世をもたらした点で不世出の人です。その功績は何にも替えがたいと言っていい。家康が状況判断力にぬきんでていたこと、また権謀術数に長けていたことは事実だけれども、そういう点ばかりを見たがる傾向はどうかと思いますね。「国家安康」という言葉を持ち出せば話がこんがらがるばかりだから止しますけれども、徳川を磐石にすることとこの国を安泰に導くこととは、彼にとっては一つだった。〝国安かれ家康かれ〟は一枚の道理だったと思うのです。

尾藤先生が「諸大名の信望」を言い、「すぐれた現実主義」と評するのを重く受け止めなければいけないでしょう。家康の院号は「安国院」ですね。国を安んずる…。

ことほどさように、また次に見るように、一般に流布しているような従来型の家康像はかなり修正が必要になってきているのではないでしょうか。

●文事

目新しい話題というのではありませんが、「東海一の弓取り」と謳われた家康のもう一つの面、即ちこの人が殊のほか学問を愛好し重んじたことについて、世間の関心はいたって薄いと感じられるので、それに関して少々お話しましょう。

史家たちがしばしば引用するものに、家康の侍医・板坂卜斎の覚書があります。くだいて言えばこうなるでしょうか。――家康は和漢の典籍を愛好し、南禅寺や東福寺の長老、朱子学の藤原惺窩、能書家の水無瀬兼成その他広い分野の知識人と談話していた。漢詩・和歌・連歌の類はもともと好きでなく、儒学や歴史、兵学に関する漢籍（論語・中庸・史記・漢書・六韜・三略・貞観政要）や和書（延喜式・吾妻鏡）を愛読。史上の政治的人物（シナの劉備・張良・韓信・太公望・文王・周公、わが国の頼朝など）を論じて楽しんだ、と。

ここでちょっと口を挟みたくなりませんか。家康は漢詩・和歌・連歌を好まなかった、という卜斎の言は違ってますよね。ほら、重次が柿を献上したとき、家康は即座に「ほくびをも…」と詠みかけ、本多忠勝が「鎌槍とりて…」と付けて一座の喝采を浴びた、というあのエピソード（本書23頁）。実際家康のところには連歌師の雪斎がしきりに出入りしていましたし、連歌は家臣の間で盛んに行われました。

でなきゃ、あんなにうまくいくわけありませんもの。

ところで、世に〈文武両道〉と言います。それは徳川幕府が「武家ノ法式」、すなわち武士が武士として遵守すべき条々を定めた「武家諸法度」にも宣揚されていて、劈頭「一、文武弓馬の道、専ら相嗜むべき事」とあり、以下「文を左にし武を右にするは古の法なり。兼備せざるべからず」云々と敷衍し、文武両道の修練に励まなければならないと駄目を押します。この法度は慶長二十年（実は改元後の元和元年*1615*、重成二十七歳）に、二代将軍秀忠の名で発布されましたが、家康の意を受けたものであることは言うまでもありません。

そのことからも言えると思うのですが、家康にとっての〈文〉は学問であり、経世の思想を養うものでなければならなかったようです。風流韻事の文、文弱に陥ることを嫌ったのだと思います。ですから〝御大将は連歌がお好き〟などと囁かれることは避けたかったに違いありません。それでもああやって大戦の前夜、連歌なんぞをして笑いさざめいていた！

それはともかく、為政者家康の幅広い教養の一端は右に明らかですが、家康が神道、仏教に深い関心を寄せていたことは周知のことでしょう。また家康は古典文化一般に対する尊重の念を持しており、学問の公開・普及を図ったこと、各種古書の出版事業を推進したことなどは、知る人ぞ知る、その顕著な功績です。そのような家康の好学と見識と文化事業は一般にはあまり知られていないだけに、さきほどの尾藤正英先生が近世における文運の隆盛を、家康の功績とみなすことには相当の根拠があるとし、「新時代の指導者としての家康の高い見識」を見ておられることに注目したいと思います。（『江戸時代とはなにか』平成4）

のちに四代将軍家綱のころから、幕政は次第に文治主義の色彩を濃くしていきますが、そこに時代の変化や保科正之の補弼などを考えるにしても、幕府における〝大神君かくありき〟ということの重大さを思い見るべきではないでしょうか。なお笠谷和比古『徳川家康』（平成28）は、そうした家康の学問や文化一般への志向は今川家で人質として過ごした少年時代に養われたとしています。

●忍従

今川家の恵まれた教育環境、そこで学僧たちから受けた薫陶などがこの人の文事志向を育んだことは間違いないでしょう。恩顧をこうむったのです。しかしどんなに大事に扱われたとしても、人質は人質。その期間は、今で言えばほぼ小学校入学から中学校卒業までの全期間に相当していて、その間の竹千代少年の胸中はどんなものだったでしょう。アンビバレンツとは言わないまでも、葛藤――今川家に対しては愛憎二つの感情がからんでいたであろうことは十分に推察されます。

ここでちょっと名前のことを…。竹千代少年は十四歳で元服、今川義元から〝元〟一字を授かって松平次郎三郎元信と名乗ります。三年後の改名でも偏諱を重んじて次郎三郎元康。しかしその後桶狭間で義元が織田に討たれたことで今川の支配を脱した元康は、岡崎城主に迎えられて三年、自分ハ光輝アル源氏ノ末流デアル、との強い意識から名字を徳川〔←得川〕に改めるとともに、名も〝元〟を廃して家康と改めます。〝家〟は八幡太郎源義家からと見られます。

カレンダーがいつの間にか捲れてしまったようです。

今川に拘束されたこの人の少年時代は、まさに忍従の季節でした。しかし、その竹千代以上に忍従の日々を送ったのが、他ならぬ松平の家臣たちでした。「二君ニ見エズ」などとんと通用しない、いつ他家に走っても咎められることのない戦国の世に、松平の家臣団は動かなかった。今川の酷薄な支配に耐えながら、幼い竹千代君の成長、いつか岡崎城主として帰国し、自分たちの本当の主となる日をひたすら念じていたのですね。「累代にわたる主従の絆は固かった」（笠松前掲書）と言われる所以です。さらに引けば、「徳川家臣団の結束と忠誠心が人一倍篤いのも、この艱難の時代を耐え抜いたという誇りと自負の心のゆえであろう。そこで鍛えられた数多くの譜代家臣をその配下に置いていることが徳川家の強みであり、天下に覇を唱えることができた根源的な力となっている」というわけです。

関ヶ原へ向かう家康が言った、あの「吾が参兵、剛渋の気象あり」とはまさしくこれだった。その間の様子を「系譜」に書きとめた和政の胸の鼓動が聞こえるようです。

> 大神君はじめて今川義元〔の〕駿府国宮崎城を出でて参州〔岡崎城〕に帰りたもふ。国家累世の旧臣等忍びて義元の凌侮〔＝あなどり〕を受くる者、悉く踊躍〔＝おどりあがり〕歓喜してこれを迎へ奉らざるはなし。

君臣が分かれて忍従をともにした時代の、忠毅この上ない家臣として、鈴木重成の曽祖父・重信[12]がそこにいたことを私たちは確と記憶にとどめておきたいと思います。

さて、鈴木家の系譜をたどるうち、話は一気に徳川家康像の変容ないし補正というところまで行きました。同様に、江戸時代ってどんな時代だったかについて、近年は認識もイメージもずいぶん変わってきています。変な縛りを脱し、暗いだけの否定的な江戸時代観は次第に修正されつつあるようです。当今の言い方で「パクス・トクガワーナ*」、徳川の平和ですね。

わたしたちは、江戸時代という遺産をもっています。江戸時代二百六十年は、この国の素地をかたちづくった時代です。歴史家として確言しますが、落とした財布が世界で一番もどってくる日本、自動販売機が盗まれない日本、リテラシー（＝読み書き能力）の高い日本人、これらは明らかに「徳川の平和」のなかでできあがったものです。（磯田道史『徳川がつくった先進国日本』平成29）

本章はここまでとし、次は徳川ニッポンが描いた国家像をめぐって、〝大航海時代〟あたりから考えてみたいと思います。

＊ **偏諱（へんき）その他**　日本人の呼び名全般を概観した上で、問題の〈偏諱〉について述べようと思います。

古来日本では名を忌み、これをタブーとしました。両親と師父、主君を除けば、人は人の名＝実名（じつみょう）を気安く口にすることなどありませんでした。実名が〈諱（いみな）〉即ち忌み名といわれた所以です。そこから禁忌に触れない呼び名として〈字（あざな）〉が発達しました。これにはシナの影響もありますが、名を忌む感覚自体は本来的なものです。本書の主人公の場合も実名の「重成」ではなく、自他ともに字の「三郎九郎」（三良九良）を用いました。本書中、周囲がそう呼んだ実例は149頁と150頁に、当人の署名は151頁の写真などに見ることができます。

また重成がお奉行、お代官様などと呼ばれたような、役職名や称号を敬称とする慣行がありますね。（今でも会長、博士…など）。称号、特に朝廷官名を尊称とした顕著な例に豊臣秀吉の太閤、徳川家康の内府がります。大名クラスでは朝廷官名の〈受領名（ずりょうめい）〉が多く用いられました。小堀遠州守や大岡越前守など馴染みでしょう。空海を弘法大師と呼ぶような〈諡(おくりな)〉は生前の徳や業績を称えて特に贈られたもので、家康は死後神格化され東照大権現と謚されたことから、大神君、権現様などと呼ばれました。仏僧が出家者や死者に授ける〈法号・戒名〉もその類いで、重成も戒名の一部をとって「不白居士(ふはくこじ)」と称せられたりしました（本書96頁）。

実名を忌む習慣から〈偏諱〉の観念が生れました。天皇・将軍・大名といった高位の人物の実名の中の一字を指してそういうのですが、社会的には二様の現れ方をしました。

①「偏諱を憚る」といえば、貴人の（実名はおろか）実名の中の一字にも触れないように気を使うこと。

②「偏諱を賜う」といえば、主君が、元服する若者や功労顕著な臣下などに自分の名の一字を与えること。

こうしてみると、鈴木家が一時期「重」の一字を使用しなくなった事情（本書43頁）はまさしく右の①のケース、また松平竹千代の元信～元康という名乗りは今川義元から偏諱を賜った②のケース（47頁）であって、両者とも非常にわかりやすい典型的な例と言えましょう。しかも後者は、今川の軛(くびき)を脱した松平元康が敢然と偏諱の衣を脱ぎ捨て、徳川家康その人となってゆく…、そんな成長劇の下地にもなっているわけですね。

＊ **パクス・トクガワーナ**　江戸時代を振返るとき、こんにちしばしばこの言葉が使われます（パクスはパックスとも）。名付け親の芳賀 徹さんは江戸時代の俳人・与謝蕪村を論じた文章の中でこう述べています。

「Pax Tokugawana（パクス・トクガワーナ）とは、古代ローマのパクス・ロマーナ（カエサルの後継で初代皇帝となったアウグストゥス（…）から五代にわたる平和安定の治世約二百年）とか、十九世紀英国のパクス・ブリタニカとかの呼称になぞらえて、徳川の幕藩制下に築きあげられ、維持され、享受された国内・対外両面の完全平和を指して当時私が編みだした用語である」（芳賀 徹『文明としての徳川日本』筑摩選書版247頁）

日本の文明を世界史の中で捉えなおし、とりわけ従来の暗くいびつな江戸時代像を打ち砕いてゆく上で、このバタくさく斬新な用語が果たした役割はとても大きなものでした。

・第三章・

文明の衝突、日本の自画像

愛と平和を唱える宗教は、何ゆえに「邪宗」とされたか。

非西洋諸国の中で、日本ほどキリスト教を熱狂的に受け入れた国は他になかったといわれます。そして、日本ほどキリスト教を厳しく排斥した国も他になかった、と。

日本の、十六世紀の大部分と十七世紀はじめまでの約百年間はしばしばキリシタンの世紀とも、バテレンの世紀とも呼ばれますが、その間、わが国びとはいまだ嘗てない〝文明の衝突〟の中でわが身の何たるかを自省し、またおのずから国の針路についてもさまざまに思いをめぐらさねばなりませんでした。シナ文明に初めて接した時とも違い、仏教伝来の時とも、もちろん蒙古襲来の時とも何かがまるで違っていました。

鈴木重成誕生前後の時代の波を概観します。

鈴木重成が奥三河に生まれた天正十六年1588は、世界史の上ではオランダを支援するイギリスの艦隊がスペインの無敵艦隊を破った年として記憶されています。一方日本ではその前年、天下人豊臣秀吉がいわゆる〝伴天連追放令〟を発して、迫り来る未知の文明との衝突にひとつの答えを出そうとしていました。スペイン、ポルトガル、イギリス、オランダなどが相次いで世界の海に乗り出した〝大航海時代〟とは、実に日本の命運を大きく左右するものだったと思います。大航海時代とは何だったか、まず簡単にさらっておきましょう。

リンゴを二つに割るように

ヨーロッパは激しく沸騰し、膨張していました。覇権を競って。なかでも早くから絶対主義の王国を形成したスペイン、ポルトガル両国は、十五世紀末以来のコロンボ、バスコ・ダ・ガマなどによる新航路の発見に伴い、波濤を越えてアフリカへ、南北アメリカへ、アジアへと世界の各地に進出し、次々にこれを領土化、あるいは植民地化してゆきました。

ずいぶん乱暴で無茶な話ですが、背景には、キリスト教が及んでいない土地を、例えばスペインが発見すると、「神の代理人」として君臨する教皇アレクサンデレ六世（在位一四九二―一五〇三）は〝異教徒の原住民をキリスト教に導くという聖なる事業〟を遂行するものとしてスペインにその土地の領有権を与えていたという事実があります。

このようにしてスペイン、ポルトガル両国はカトリックの布教と一体化した世界征服事業に乗り出し、新世界（＝非キリスト教世界）に勇躍進出し、土地と海洋と莫大な物産をほしいままにし、世界の富強国として他の追随をゆるしませんでした。それゆえ二国間の縄張り争いも激化しました。その結果――実に信じがたいことですが――「神の代理人」は地球を大西洋上の西経38度の子午線で真っ二つにし、そこから西のアメリカ方面をスペインに、東側のアフリカ・アジアをポルトガルに与えることにしたのです。分界線はポルトガル側の抗議によって翌一四九四年には西経四六度三七分の線まで移動するのですが、それは「まるでリンゴを二つに割るように」（別枝達夫）と喩（たと）えられた乱暴極まる裁定でした。この見えざる障壁は、後年、他の諸国が海外発展を目論むまでは国際問題化せず、まだ専らスペイン対ポルトガルの問題でした。

さて、ブラジルが南米で唯一ポルガル領になった――だから今もあそこだけポルトガル語をしゃべっている――のもその教皇分界線のせいでしたが、のちに分界線は地球の向こう側で日本の岡山付近を通っていることが判り、それでいけば日本列島は岡山から西はポルトガル領、東がスペイン領になるはずだったのです。日本では無論そんなことは誰一人知るよしもありませんでした。

〝新大陸〟には南米のインカ帝国、メキシコのマヤ文明、そしてアステカ文明などが古くから栄えていましたが、ことごとく、しかもあっという間にスペイン（イスパニア）に滅ぼされてしまいます。スペイン人が新大陸でインディオに対して行なった大虐殺などまったくひどいもので、冷静な史家が「悪逆非道」と罵ったほどです。そのスペインがメキシコ（ノビスパニア）から太平洋を越えてフィリピンに到達し、たちまちマニラを占領したのに対し、一五一〇年にインドのゴアを占領したポルトガルは、東南アジアを次々に侵略し、シナ（明）のマカオを押さえて通商と布教の拠点としました。繰り返しますが、それらは、カトリック布教という強烈な宗教的情熱と、交易、領土獲得という商業的・軍事的野心とが合体した〝国策〟としての進出でした。そんな二つの国が日本だけを例外にするなんて、誰が考えるでしょう？

しかし、ポルトガルから言えばインドより東、スペインから言えばアメリカ大陸から西、の太平洋のことはまだほとんど判っておらず、詳しい地図など描くべくもないわけです。トルデシリャス条約といっても、こちら側の分界線ははっきりしていないのが実情で。…リンゴは、だからそうきれいに割れなかった。ポルトガル、スペイン両国の主張には大きな隔たりがあり、日本で両者は結局入り混じりながら活動することになります。

南蛮人がやって来た

天文十二年 *1543* ポルトガル人を乗せた明の密貿易船が種子島に漂着、鉄砲をもたらしたことはよく知られていますし、同十八年 *1549* にイエズス会の宣教師フランシスコ・ザビエル（Xavier, Francisco de）が同じスペイン人のトルレス、フェルナンデスとともに鹿児島に上陸して宣教を開始したことも周知のとおりです。ザビエルは二年余りで日本を離れましたが、「異教徒中、日本人ほど優れた者はいない」と書き、日本への布教が有望である旨イエズス会本部に通信したため、以後宣教師の来日が相次ぎます。宣教師は当時〈パードレ〉或いは〈伴天連(ばてれん)〉と呼ばれました。

天草へのキリスト教の伝来は永禄九年1566のことで、ポルトガル人イエズス会修道士、ルイス・デ・アルメイダ(Almeida, Luis de)により、まず志岐(しき)に、ついで河内浦(かわちのうら)にもたらされました。天草を支配する五人衆はそろってこれを保護し、トルレス(西)、カブラル・フランシスコ(葡)、ヴァリニャーノ(伊)ほか著名な宣教師が招かれて続々島に入り、キリシタン信仰はにわかに広まってゆきました。アルメイダ来島二年、トルレスによって第一次宣教師会議、二年後には第二次宣教師会議がそれぞれ志岐で開催されるまでになりましたが、さらにキリシタン大名小西行長の統治下に入ったこともあり、司祭館、礼拝堂、コレジョ、画学舎等が設置され、コレジョではグーテンベルク印刷機によって〈天草本〉が大量に出版されるなど、天草は〈南蛮文化〉の最盛期を迎えました。そのころ教会堂は五十とも六十とも、また信者は三万とも三万三〇〇〇とも記録されています。

アルメイダはイエズス会士であると同時に外科医の心得があり、豊後府内に病院・育児院をおこして医療事業を行っていましたが、天草においても、布教活動の一環として医療、救貧、孤児・寡婦の保護救済、葬儀の執行などを行う組織づくりを指導します。組織は一般にコンフラリヤ——信心会とか慈悲組、あるいは単に組——と呼ばれ、庄屋・年寄りなど村の指導者が多く組親(くみおや)をつとめました。志岐、河内浦、二江、大矢野等各地で結成されたこれらの組では、信仰をともにしながら共済組合のようであり慈善団体でもあるような組織の中で、ある種の豊かさや幸福感を共有していました。

ザビエル来日から三十三年が経ったころのイエズス会の記録で、キリスト教信者は九州で十二万五〇〇〇人、中国近畿地方で二万五〇〇〇人に達していたといいますから、凄まじい。

キリスト教の受容と排除

そのように急速に受け入れられ、普及していった要因について、考えてみましょう。砂漠で生まれた一神教がこの国でそうなるまでには相当の条件や理由があるはずです。

・万里の波濤を越えてやって来た宣教師・修道士の情熱や真摯な態度、高潔な人格、質素な生活ぶりに動かされた。

・インドやシナの場合と違って、日本仏教のもつ諸性格がキリスト教受容を容易にした。例えば観音信仰、阿弥陀信仰に顕著な〝み仏に救われる〟ことへの願望は、キリスト教における救霊の思想に異ならず、また仏教が示す極楽浄土―地獄という来世の構図は、善を為す者はパライソ（天国）へ、悪を為す者はインフェルノ（地獄）へというキリスト教の教えを説くのに好都合だった。また伴天連たちは巧みに仏教用語を駆使することで一般民衆の疑念や警戒感を和らげることができた。

・戦乱続きで希望が見出しにくい世相や仏教界の堕落、といった背景があった。

・伴天連が西洋医術を施し、病者や貧者に優しかった。

・天文学・賛美歌・宗教画などに代表される、西洋文化への憧れをつよくした。

・南蛮貿易に意欲的な大名・小領主たちが事を有利に進めようとして次々に入信した。

…などと挙げていっても、何か物足りない。勿論キリシタン大名高山右近や天草五人衆のひとり大矢野種基などに見られるように、ほんとうに信仰心の篤い人がいたのは事実なのだけれど、何故かキリスト教の教義につよく帰依して広がったという感じがあまりしませんね。なにしろ「今日一日で村人五百人が受洗した」なんてバテレンが報告しているでしょう。

わたくしはそこに、日本の村社会の特質が関係しているのではないかと考えています。日本の村社会というのは均一であること、みんな同じであることを善しとする面が非常につよいので、頭立つ者が右を向くと他も一斉に右を向くという傾向があり、この場合も、たとえば庄屋が入信するとなると村の多数が「わしらも…」と言って入信していったのではないかと。そうでなければ、あんな集団入信なんか起こりようが無いと思うんです。その庄屋も領主次第というところがある。大矢野種基が受洗した場合なんか、秀吉の禁令後というのに、一族郎党二三〇〇人余りがいっしょに入信してるんですもの。

もっともそこには、トップを入信させれば家臣や領民を一挙に入信させられるというイエズス会の読みと戦術があったことも判ってきてますけれど。

そこで先程並べた六つの要因に追加して、こうまとめておきましょうか。

・〝上へ倣え〟式の行き方や、地域社会のまとまりを第一義とする力学が強く働いたこと。

棄教が割合すんなりいった理由というのも、その辺から考えるといいのかもしれません。それもほとんど地域ぐるみだったし、その後の揺り戻し（立ち帰り）もそうだったのですから。

キリスト教はやがて豊臣政権、徳川幕府に激しく排斥されてゆきます。警戒され、禁じられてゆくには、もちろんそれ相当の理由がありました。

・キリシタンはデウスへの帰依を絶対としてこの国の神仏信仰を激しく排斥するため、「和を以て貴しとなす」日本的感覚や、仏教各宗との間につよい軋轢を生じていた。
・デウスの栄光を称え、神の前の人間の平等を説くキリシタンの教説は封建支配体制と相容れない危険なものと考えられ、また信徒の団結・反抗も脅威となっていた。
・ポルトガル商人が多くの日本人を海外に奴隷として売り飛ばしていたことへの反感。また南蛮人が肉食することへの違和感、嫌悪感。これらのことも南蛮人、ひいてはキリシタンへの拒絶反応につながった。
・ポルトガルやスペインは日本侵略の野望をもっており、バテレンの布教活動は本国の商業的・軍事的・政治的意図を覆う隠れ蓑であると見なされ、強く警戒された。
・イギリスとオランダ（紅毛人）はプロテスタントの国であり、カトリックのポルトガル、スペイン（南蛮人）とは反りが合わず、自国の貿易権益を守る狙いから南蛮人の領土的野心を幕府に警告していた。これらのことが為政者の猜疑や恐怖をいっそう増大させた。

〝キリシタンは国を奪うたくみである〟とするこのような認識や恐怖感情は秀吉の時代から徐々に形成され、為政者のみならず一般庶民にまで広まっていました。慶長十二三年ごろ、すなわち天草島原一揆より三十年前の文書『伴天連記』にも、すでにそのことが見て取れます。

今日までの史料研究で、右の条々自体はいずれも根拠があり過剰反応でなかったことが判明しているとはいえ、しかしそのことによって、キリシタン摘発の現場、棄教・転宗強制の現場におけるあまりに非人間的な、凄惨としか言いようのない迫害の実態を幾分なりとも正当化することはできない、――それが今のわたくしの気持ちです。

〝伴天連追放令〟を読む

豊臣秀吉は天正十五年*1587*六月、九州筑前で突然、しかも立て続けに、二つの布告を発しました。従来キリシタンに対して好意的に見えることもあった秀吉が、にわかに態度を硬化させた本当の事情とはなんだったのでしょう。十八日のが十一ヶ条から成る〈覚〉、十九日のが五ヶ条の〈定〉で、後者が通常〝伴天連追放令〟と呼ばれることは言うまでもないでしょう。

ただその前に、秀吉側はイエズス会（日本準管区長ガスパル・コエリョ Coelho Gaspar）に対し、四ヶ条の詰問を突きつけていて、これも見逃すことができません。即ち、お前たちは――

一、何ゆえに日本人にキリスト教を強いるのか。

一、何ゆえに寺社を破壊し、仏僧を迫害してこれと融和しようとしないのか。

一、何ゆえに、人に仕えて有益なる牛馬を殺して食うか。

一、何ゆえに多数の日本人を買い、奴隷にして連行するのか。

このように言って秀吉は、寺社破壊をやめ、仏教界と融和することを持ちかけたのですが、コエリョはキリスト教と仏教とは融和できないことを強調し、交渉のテーブルにつくことを拒否したのです。（秀吉の詰問とコエリョの回答はフロイスが逐一書き留めていてわれわれも読むことができます。奴隷売買の実際は同じ天正十五年の「九州御動座記」に詳しい記述があります。高瀬弘一郎さんなどもおっしゃるように、秀吉の

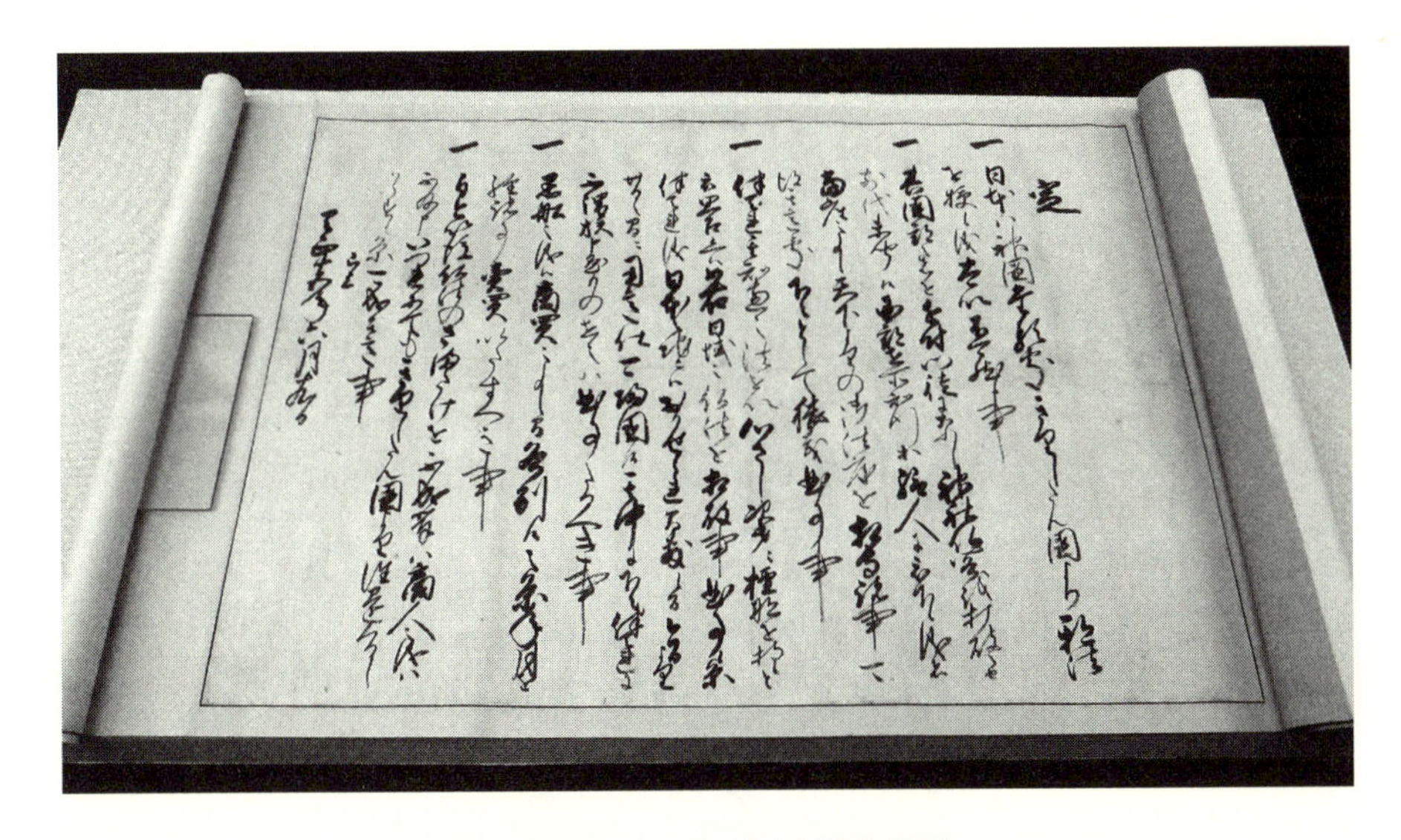

〝伴天連追放令〟(松浦史料博物館蔵)

この文書は天正15年6月20日、博多湾に停泊中のフスタ船上でイエズス会日本準管区長のコエリョとカピタン・モールのモンティロに手渡された。コエリョが「船は今後6ヶ月間は出航しないので20日以内の退去は出来ない」と抵抗したのに対し、秀吉は猶予を与え、国内のバテレンを平戸に集結、待機させた。身柄をアンチ・キリシタンの平戸領主松浦隆信に預けた形となり、その際この通告文の写しを松浦家にも発給し理解を求めたと考えられる。朱印も宛名も無いのはそのためであろう。またこの歴史的文書が松浦家のみに伝わる理由もそこにある。

詰問は的外れでなく、対するコエリョの返答は呆れるほど誠実さを欠いていました）

　秀吉が発した〈覚〉と〈定〉とは、そうした流れの中で、秀吉の意を受けた側近の丹波（施薬院）全宗が起草したと見られます。これから十九日付の〈定〉、いわゆる伴天連追放令を逐次（ちくじ）読んでゆくことにいたしましょう。

　実は先ごろ、平戸の松浦史料博物館に出向いて久しぶりに現物と再会したのですが、現物であろうと写真版であろうと読みづらいことに変りはないし、文章もかなりの悪文なんです。しかし何とか辿ってゆくと、バテレンは追放する、貿易は条件つきで推進する、という秀吉の方針がはっきり読み取れるので、各箇条を確認しながら、気になる点を取り上げてゆくことにしましょう。できるだけ正確に、できるだけ読みやすくを心がけ、送りがなは多く送ることにします。古文書の世界では筆書きのものを活字化するにとどめ、「候」なんかも送りがなを付けないのが常識なのでしょうけれど、わたくしは活字化したその先をどう読むかまでを問題にしたい（「候ふ」か「候へ」か、など）。それにこの伴天連追放令、驚いたことにテキスト、つまり本文の文字と読みがまだ研究者間で確定していないんです。もっと驚いたのは、明らかに誤った釈文を、名のある研究者たちが次々に孫引きしたとしか思えない現実でした。現代語訳も、今のところまだ一例しか見ていなくて、意外に覚束（おぼつか）ないんですよ。

一、〔第一条〕日本は神國たる處（ところ）、きりしたん國より邪法を授け候（さうら）ふ儀、太（はなは）だ以て然（しか）るべからざる事。
（文末は「然るべからず候ふ事」という読みも行われている）

●日本は神国なのだから、という主張

劈頭、日本を「神国」と規定し、ポルトガル・スペインを「きりしたん国」と呼び、〝日本は神国であって、キリシタンの邪法を持ち込むことははなはだ不届きである〟という主張です。迫りくる西洋文明に対峙する、切羽詰った自己確認とその意思表示でした。

それに、旧来の唐・天竺・日本という〝三国世界観〟から脱皮し、南蛮国（ポルトガル、スペイン）勢力と真向から対決することを迫られた形なので、仏教のインド、儒教のシナ、キリシタンの南蛮国、…だったら日本は何？　という中での、日本＝神国、の構図ですね。日本神国論そのものは日本書紀の昔から幾度となく繰り返されてきたものですが、ここに見る神国論は、いまだ経験したことの無い情勢、そして〝文明の衝突〟の中から生まれたものであり、従来のそれとは質的に大きな隔たりがあります。いっそ〝キリシタン・バテレンによって触発された神国論〟と言うべきかも知れません。

もう一つ忘れてならないのは、近代の超国家主義下の狂信的な〝神国〟とも、それは別物だという点です。過剰反応する人もいるので、特に言っておかなくては。

一、〔第二条〕其の國郡の者を近付け、門徒になし、神社仏閣を打ち破るの由、前代未聞に候ふ。國郡在所知行抔（など）給人に下され候ふ儀は當座の事に候ふ。天下よりの御法度を相守り、諸事其の意を得べき處、下々として猥（みだ）りがはしき義〔儀〕、曲事（くせごと）たる事。

（「…打ち破るの由」の部分は「…打ち破らセ」と読む向きもあり、判断が分かている）

●キリシタンが寺社を破壊していること

第二条はキリシタン大名のことを言ってるんですね。キリシタン大名が領民をバテレンに近づけ、キリシタンに改宗させるばかりか神社仏閣を破壊させているという。これは前代未聞(ぜんだいみもん)の悪行(あくぎょう)であり、許されざることだ、と非難します。そして大名の領地・領民といえども天下、つまりは太閤殿下より一時的に下されたものであって、諸侯は天下の法度をよく守り諸事その意を体して統治すべきである。下々の者の騒擾(そうじょう)は禁止すると言っています。

高山右近や大友・大村・有馬氏などが意識されているようです。なにしろ長崎・茂木の地はキリシタン大名大村純忠によってイエズス会に〝寄進〟されていたのですからねえ。そうした事態に直面した天下人が、〝わが国土危うし!〟と感じたのは無理からぬことで…。「曲事」は「くせごと」と読み、不都合なこと、或いは処罰の意で頻用(ひんよう)された語です。

さて本条ではキリシタンによる神社仏閣破壊を「前代未聞」と言っていますが、お寺への攻撃そのものは前代にも数多くあった(例、比叡山)わけで、これには注釈が必要でしょう。思想史の黒住 真さんはこう見ています。「戦乱期に、武士や戦国大名が〈服従しない邪魔な寺や宗教集団を〉破壊することは珍しくはなかったが、しかし、政治的理由からではなく〈信仰のゆえに〉神仏を破壊することは「前代未聞」だった(…)」と(『複数性の日本思想』)。言われてみてハっとします。確かにそうなんですね。

次に、キリシタンによる寺社攻撃はどのように行われたのか、いくらか具体的に述べてご参考に供することにしましょう。避けて通るわけにもいきません。

キリシタンが天草で行った廃仏のことは、まず鶴田倉造さんが『五和町史』に五例紹介しています。一五六七年志岐の信者が仏寺を壊して教会建築の材にした…一五七一年本渡で仏像を持ち出した…一五八七年大矢野で「殿」は寺から仏像・仏具を持ち出させ一つ残らず焼却させた…一五八九年栖本では百二十点余の仏像・経典が焼かれた、一五九六年上津浦では神像・仏像が寺社もろとも焼き捨てられた。或るものは地上に倒され或るものは鼻や首をそがれ足蹴にされた…など。いずれも伴天連たちの書簡やフロイス日本史から抜粋しての紹介です。河内浦では領主天草鎮尚の廃仏に親類や家臣が反対して騒動に発展したことが知られていますね。

もう少し具体的な例を、キリシタン大名・大村純忠の大村領に見てみましょう。先に見たイエズス会の日本準管区長コエリョが大村純忠に領内の偶像崇拝（社寺信仰のことを彼らはそう言った）を根絶するよう、つよく働きかけていました。『キリシタン伝来地の神社と信仰』の著者・久田松和則さんによると、大村では天正二年 *1574* にキリシタンによる大がかりな焼き討ち・破壊事件が発生したが、その時被災した神社仏閣は十七社三十五ヶ寺に上ったといいます。個々の事例を見ていくと、焼失したケースと破却されたケース、社寺合計ではほぼ相半ばしているようです。大村藩の公式記録の一節を次に。

天正二甲戌年、領内の耶蘇の徒蜂起し、神社仏閣を消滅し、且つ居住の僧徒を殺害す。此の時本宮太良嶽の里坊仙乗院、下宮富松宮も亦其の災ひに罹り、悉く焦土と為る。伝に曰く、太良岳本宮は菅瀬の郷士ら山に登りて火を宮殿に放ち灰燼と為す。剰へ〔＝そればかりか〕猪鹿の肉を神躰佛像の灰に焼きて之を食らふ。佛神の冥罰、豈免るべけんや、と。

（『郷村記』、原漢文）

この史料を紹介した久田松さんは「後段に記される神仏像の灰で猪鹿の肉を焼いて食べたという郷士たちの所業は、果たして事実であったか疑わしくもあるが、假に事実でなかったにせよ、社寺を焼き討ち・破却したキリシタンの徒に対する憎悪の念からこういった伝承が伝わったのであろう」と言っています。きっと、そういうことなのでしょう。

それからフロイスが書き留めた大村松原地方の例。伴天連の説教を聴いたその地の住民たちが、まっしぐらに所の寺院に押しかけ、たちまち破壊すると何一つ後に残さず、勝手に必要と思う材木を自宅に持ち去ったとあります。フロイスは他にも、キリシタンによる寺社攻撃の例を（誇らしげに）数多く書き記しています。中でも次の事例なんかはよく知られていると思います。

加津佐や口之津など有馬領では領主有馬晴信の指示で神社仏閣の破壊が進み、墓地の石塔まで倒されるに及んで、仏僧や「異教徒」たちは事態を恐れ、仏像や仏具などを岩戸山の洞窟に避難させました。それを嗅ぎつけたコエリョたちがその洞窟を襲撃したのです。各地の寺から持ち込まれた仏像を容赦なく叩き壊したり焼いたりしましてね。召集された口之津の少年たちが仏像を分解し、背負って司祭館に運び、炊事用の薪（たきぎ）にしたというのです。フロイスは平然と、こう書いています、「折から寒い季節のことで、口之津の我らの司祭館では炊事用の薪が不足していた。これらの仏像はただちに割られて薪にされ、かなりの日数、炊事に役立った」と。こうした口吻（こうふん）って、どこから出てくるんでしょうね。こうして読んでいて、或いは聞いていてもそうでしょう、気持ちのいいものではない。

でもこれには続きがありまして、…破壊された墓石は有馬氏の日野江（ひのえ）城（北有馬町）に運ばれ、何と階段の踏み石に転用されたのです。ええ、今もそのまま残っていますよ。想ってもみてください、キリシタン大名有馬の家臣たちが住民の墓石を踏んでお城へ上り下りする、悪夢のような光景…。

日本人はことのほか祖先を大事に考える民族で、それは時にお墓崇拝ではないかと揶揄(やゆ)されるほどです。そのお墓を彼らはこのように蹂躙(じゅうりん)し、冒瀆(ぼうとく)したのです。

はっきりしていることは、右の一件はイエズス会一五八二年(天正10)の日本年報に出てくるもので、長崎で始まった〈絵踏み〉より半世紀近く前のことだ、ということです。

〈マタイ伝〉には、弟子たちに向かって言ったイエスの言葉、「あなたがたは行って、すべての民をわたしの弟子にしなさい。彼らに父と子と精霊の名によって洗礼を授け、…」がありますが、それがバテレンたちの聖なる使命、宣教の土台であるのでしょう。しかし未踏の地へ赴いたのはいいとして、その地の人々の信仰の対象たる神仏を「悪魔」と罵倒し、次々に社寺を破却焼却するといった乱暴狼藉(ろうぜき)が、いったい文明人のすることか、――ということはわたくしの永年のモヤモヤでして。それは燃え盛る信仰心の発露などというものではないだろう、と。いやそれは間違いなく信仰から出たものだと言うのであれば、わたくしはそのような〝信仰〟の人を友と呼ぶことは出来ない。泰西の文明史家もこう述べずにいられませんでした。

イエズス会士たちは〔仏教を〕非難してあれこれ強い言葉を用いたが、ザビエル自身も、シャカと阿弥陀のことを「これら二人の悪魔たち」と書いた。

(G・B・サンソム『西欧社会と日本』上、邦訳は昭和41)

そこがまあ、大航海時代、イエズス会の戦闘的な宣教が近現代のキリスト教のそれと大きく違うところである、とは思いますけれども。

ではいよいよ、第三条です。

一、〔第三条〕 伴天連、其の知恵の法を以て心ざし次第に檀那を持ち候へと思し召され候へば〔とて〕、右の如く日域（にちいき）の佛法を相破る事 曲事に候ふ條、伴天連の儀、日本の地にはおかせられまじく候ふ間（あひだ）、今日より廿日の間に用意仕（つかまつ）り歸国すべく候ふ。其の中に下々の伴天連に謂（い）はざる族（やから）、申し懸かるもの之（これ）在らば曲事たるべき事。

●神仏をともに尊ぶ神国、古来の神も同居する仏法

ここの「日域の仏法を相破る事、曲事に候ふ」、またそれゆえ「伴天連の儀、日本の地にはおかせられまじく候ふ」と続く論理には無理があるように思われませんか。第一条で〝日本は神国なのだからキリシタンは罷りならぬ〟と書いたその筆が、ここにきて〝日本の仏法を攻撃するとは怪しからぬ。伴天連を日本に置いておくわけにはいかぬ〟というのですから。

表面的には確かに整わない感じがあるものの、ここで「神国」は、さっきも触れたように、「きりしたん国」に対峙する概念として持ち出され、わが国は神道の国である、ということではあるのですが、その日本は天（あま）つ神・国（くに）つ神を斎（いつ）き、祖霊を敬うことを根底にしながら、唐天竺の仏教文化を取り入れ、神仏をあわせ尊ぶ道を歩んできたわけですから、日本は神国だというとき、そこにはおのずから仏教信

仰も含まれる、と考えるのが道理でしょう。八幡神は八幡大菩薩、金刀比羅宮の祭神は金比羅大権現と呼ばれ、厳島神社など諸社に仏教の経典を謹写して奉納することなんか少しも珍しくなかった。それゆえ、日本の仏教を攻撃するということは即ち神仏をともに尊ぶ日本的在り方の否定となるわけですよね。「日域の仏法」には〝日域の神〟も含まれていると言っていいのでしょう。そうした暗黙の前提を酌む必要があるのではないでしょうか。神仏をともに尊ぶ神国、古来の神も同居する仏法。そしてそれに真っ向から敵対するキリシタンは「邪法」であり、許すまじきもの、という論理です。

論理といえば、文法のことをちょっと…。本条の原文「心ざし次第に檀那を持ち候と」は文意をとるのが厄介で、これまで人々を悩ましてきた箇所ですが、今回試みとして「候」を「候へ」と命令形に読んでみました。命令形には〝笑はば笑へ〟のような容認ないし放任と呼ぶ用法がありまして、それによれば、檀那を持つ（＝布教し信者を獲得する）ことは勝手だ、という意味になる。それに続く「思し召され候へば」がまた解りにくいけれども、ここは「候へば」に「とて」と補ってやると、「布教活動も思いどおりにやるがよい、と（太閤殿下が）思し召しになっていたからといって、（図に乗って）わが国古来の神仏信仰を破壊するとは言語道断！」となって、すんなり文意が通るのではないでしょうか。

本文書の主旨がその後の、

「バテレンは、日本国内に置いておくわけにはゆかぬゆえ、今日から二十日の間に支度し、（遅滞なく）帰国せよ」

という部分にあることは明白です。そして「その際、末端のバテレンの中に、もし、自分はバテレンなんかじゃないとシラを切る輩や、何かと難癖をつけて通告に従おうとしない者がいたら、必ず処罰されるであろう」と釘を刺すのでした。残り二条は、一転して通商は自由であると――。

一、〔第四条〕 黒船の儀は商買の事に候ふ間、各別〔格別〕に候ふの條、年月を経へ、諸事賣買いたすべき事。

一、〔第五条〕 自今以後、佛法のさまたげを成さざる輩は、商人の儀は申すに及ばず、いづれにてもきりしたん國より往還くるしからず候ふ條、其の意を成すべき事。

●交易往来自由のこと

第四条では貿易は「商買の事」だから例外と割り切り、バテレンとは切り離して以後も継続して「諸事売買いたすべき事」とし、第五条では「仏法の妨げをなさざる輩」の通航は自由であると言い切りました。この二点はやがて〝鎖国という名の管理貿易〟につながるわけですね。

以上、キリシタン・バテレンは断固拒絶する、貿易は制限つきで推進する、という方針が宣言されたことを逐条見てきました。

ただし厳密には、先の〈詰問〉ないし〈覚〉にあって〈定〉には見えない、

・牛馬食への嫌悪
・奴隷売買への怒り
・一向宗門徒を凌ぐキリシタンの結束力への警戒

といった点までを背景において検討すべきことは言うまでもありませんが、いずれにしても、大航海時

代、文明の衝突に直面して豊臣秀吉が発した〝伴天連追放令〟は、日本はこれでゆくのだという宣言であり、日本の自画像と言ってよく、また徳川家康以下が受け継いだ国家像、国家防衛の基本戦略となった、ということが出来ると思います。

●付言　秀吉によるキリシタンの容認と排斥について

申し添えておきたいことがあります。その第一は、秀吉は右の如くバテレンの国外退去を命じたのですが、キリシタン信仰そのものを強く拒否したのではなかった、という点です。十八日の〈覚〉は領主などに「下々」へのキリシタン信仰強制を禁じる一方、強制力を持たない下級武士や一般庶民がキリシタンになるかどうかは本人の「心ざし次第」であるとして改宗強要を禁じ、かつ入信を容認してもいるのです。それが十九日の〈定〉になっていきなり、キリシタンの邪法を持ち込むことは不届き千万、となったので、かなり揺れていますね。キリシタン信仰そのものへの態度は曖昧だったという他無い。

第二は、それに関連して〈覚〉に、庶民が自分の意志でキリシタンになることは「八宗九宗の儀に候ふ間、苦しからざる事」としている点です。この部分は意味が取りにくく、これまで随分読む者を悩ましてきたのですが、これは「八つある宗派が九つになったところで問題はない、ということだろう」という解釈でケリが付きそうです（平川新『戦国日本と大航海時代』平成30）。

問題は中身ですが、「八宗九宗」の「八宗」というのは、鎌倉時代までの主な仏教宗派のことで、ここでは、キリシタンが加わることで八つある宗派が一つ増えるだけのことだ、という認識を示していることになります。確かに、それはもう信長の時代から、キリシタンも仏教の一派であるかのように捉えられていました。〝どこから来たのか〟と訊かれたバテレンが〝ゴアから〟と答えたことも関係があったようです。ともに天竺（インド）から渡来したもの、ですからね。それに当時、西洋一神教世界の如何なるかを理解することは実に容易ならざることでした。二十一世紀のこんにちでもそうですもの。そうした信長時代以来の〝甘い〟認識が「八宗九宗」という発想の根っこにある。

しかし流石に秀吉は、詰問に対するコエリョの木で鼻をくったような返答や、彼らが仏僧と敵対して融和しないことなどから、バテレンの面従腹背と唯我独尊性を見抜き、得体の知れない不気味さ、言い知れぬ脅威の中で感情を高ぶらせていったものと見えます。

国家理性の発動ということ

政治学で〈国家理性〉Razõn de Estado〔reasonn of state〕ということを言いますね。マキャヴェリ由来のこの術語、わたくしの理解に大筋で誤りが無ければ、…一国の政治は何を措いても自国の存立、利益、発展のために行われるもので、そのとき何が真に国益となるかを見極める高度の政治判断が必要となる。そういう意味での理性、臨機応変の判断や対処法、ということでしょう。

そこで、豊臣政権における宣教師追放、また徳川幕府における禁教令はまさしく国家理性の発動だったと言っていいのかもしれません。キリシタン史や政治思想研究の第一線からは、来日バテレンたちはそのことを多分に理解していた、という声が聞こえてくるのです。すなわち、スペイン人司教セルケイラ、ポルトガル人でイエズス会日本管区長M・コウロス、そしてかのC・フェレイラなど幾人もの指導的な立場にあったバテレンたちが報告書簡などで、キリシタン迫害の主要原因を日本の国家理性に帰していたというのです。そのころ、イギリス（エリザベス朝イングランド）はローマ教皇庁と袂を分かってナショナリズムが高揚し、プロテスタントの国として国内のローマン・カトリック教徒を激しく弾圧していました。同時代のイエズス会士は、当然そのことを知っていたでしょう。

本章はそのイギリスを攻撃したスペインの無敵艦隊が無残にも撃退されたところから始まりました。イベリア半島のスペインとポルトガル二国が世界の海を我が物顔にした時代はようやく終わりに近づいていきます。そして日本の指導者たちは、キリシタン・バテレンが日本文明と真っ向から対立するものであると見切ってこれを排除する一方、海外との交易には門戸を開くことを国家経営の基本方針としました。いわゆるバテレン追放令はそのことを最初に表明するものでした。

¶

鈴鈴木重成が三河で呱々の声をあげるのは、そうした伴天連追放令の翌年のことです。東海地方の奥深く、山がちの足助の里には質朴な人々の静穏な暮らしこそあれ、来航したキリシタン・バテレンの動きはおろか、泰西諸国のせめぎあいの噂など、そよりとも聞こえてはこなかったはずですが、後年、五畿内代官となった重成は大坂でキリシタンの名残りを間近に感じ、島原でキリシタンの一揆と戦闘を交え、天草の代官となってからは直接キリシタン或いはそのシンパと向き合いながら戦後復興に当ることになるので、鈴木重成伝にあってキリシタン問題は至って重要なテーマです。今度は徳川幕府のキリシタン政策、その根本の考え方を概略見ておきましょう。これも国家理性の文脈で。

徳川日本の国是

徳川幕府のキリシタン排除政策は、初めの十年間ほどは緩いものでしたが、ここかしこに深刻な事態が頻発する慶長十七年1612以降俄かに強硬となり、強権を発動するに至りました。その経過については割愛し、ここでは幕府中枢のキリシタン観を窺う史料として慶安十八年の禁令を見ておきましょう。

これは大御所家康の意を受けて側近の以心崇伝が起草、将軍秀忠が朱印を捺して全国に発した布告文「伴天連追放之文*」です。本文は六七二字から成る漢文で、始めの方にはこの場合も「夫れ日本は元是れ神国なり」とあるのですが、それが中ほどへ行くと

日本は神国仏国にして、神を尊び仏を敬ひ、仁義の道を専らにし、善悪の法を匡す。

とあって、秀吉の伴天連追放令を継承しながら、徳川の時代らしい展開を見せています。(日本＝神国、から一歩進めて)われわれの国は「神国・仏国」であると言い切ったばかりか、(さらに歩を進めて)儒教を奉ずる国でもあるというのです。仁義の道云々がそれで、〝神・仏・儒の国日本〟という自己認識なんですね。で、キリシタンはその神・仏・儒の国日本の社会秩序を根底から覆す邪法であり、直ちに禁じなければならない、としてこう述べるのです。

彼の伴天連の徒党、皆件の政令に反し、神道を嫌疑し、正法を誹謗し、義を残ひ、善を損なふ。刑人〔＝殉教者〕あるを見れば載ち欣び載ち奔り、自ら拝し自ら礼す。是を以て宗の本懐と為す。邪法に非ずして何ぞや。実に神敵仏敵なり。急ぎ禁ぜずんば後世必ず国家の患ひ有らん。

この列島の住人は、もともと人間や世界を唯一の神の創造とは考えず、人間も国土も男女二神から生まれたと表現してきました。これは単なる〝お話〟なのではなく、いのちの生成は二つの性の交合によるのであり、万象もまたそのようにして生まれ出るものと観じたものでしょう。〈1〉が創ったと考えるのではなく、〈2〉から生まれたと感じてきたのですね。われわれの遥かな祖先たちは、縄文と弥生が遭遇した時から〈共生〉を考え、〈和らぎ〉を第一義としてきたように思います。信仰といえども絶対的帰依を必ずしも善しとしないのは、そのこととも関係がありそうです。この国の思想・宗教を考えるとき、わたくしはそのような日本人の心性に鍵があるのではないか、と考えています。端的に言って、神道と仏教という二つの宗教が共存するというより、神道を生んだ日本人の心性が両者を共存させている、と考えるわけです。その心性とは、あえて言えばA and B型であって、複数のものを複数のままに受容するところに特徴があります。そこでは、A or B（アレか、さもなくばコレか）と厳しく問うて択一の崖っぷちに立つより、両方を温存させるほうを善しとすることになります。そうして互いに異なる複数の思想・宗教が混在する中で、〈混在〉は〈共存〉の道をたどり、やがて〈複合〉してゆきます。神・仏・儒複合が現実であり理想でもあると考えられたとき、そのような在り方、そのような国家を紊乱するものを「神敵仏敵」と見做し、その唯一絶対・唯我独尊性を「邪法」と断じたのでした。

先の引用に続く部分には「孔夫子亦た曰く『身体髪膚父母に受く、敢て毀傷せざるは孝の始めなり』と。其の身を全うするは乃ち是れ神を敬ふなり」ともあって、孔子の教え（儒教）は日本人の生命観＝神道と合致するものだという主張となっています。

時代は神道と仏教を基本として、人倫道徳としての儒教、山岳信仰その他さまざまの民間信仰までを含めて宗教複合が進んでいました。殊に現世が大切な神道と来世教たる仏教とは互いに補完関係にあったとも指摘されています。複合は習合とは別です。習合のように別々のものをあえて同一とみなすのでなく、複数のものが併存し混淆しながら、全体として緩く一体化している状態、とでもいいましょうか。「村や町ごとにお寺とお宮とがある風景」に象徴されるようなそうした状況を尾藤正英さんは「国民的宗教」の成立、と捉えています（『江戸時代とはなにか』『日本文化の歴史』）。その定着しつつある国民的宗教――或いは〝日本宗〟と呼んでもいい――を守り、これを脅かすものはきつく排除する、というのが徳川初期に確認された〝国是〟でした。それが鈴木重成が生きた時代の主流をなす思潮、思想環境であった、というふうに言っておきたいと思います。

＊ **伴天連追放之文**　この布告文は家康ブレーンの一人、以心崇伝（臨済宗の学僧。金地院崇伝ともいう）が自身の外交文書記録『異国日記』に書き留めていたのを後年新井白石が発見、広く人の知るところとなりました。いま「排吉利支丹文」の題で岩波の思想大系25『キリシタン書・排耶書』に収録されています。崇伝の筆はキリシタンを現象面でのみ追っていて皮相の感はあるものの、家康・秀忠はこれを諒とし、以後の禁教政策の支えとしたのでした。本文書での「伴天連」は「キリシタン」と同意。ちなみにキリシタンとの本格的な思想対決は不干斎ハビアンの『破提宇子』、鈴木正三の『破吉利支丹』まで待たなくてはなりませんでした。

・第四章・

徳川の家臣・幕臣として

義ヲ見テ為サザルハ勇無キナリ（『論語』）
（ここは人として一肌脱ぐべきだと解っていながら、それをしないのは卑怯である）

口絵の「武州豊嶋郡江戸庄図」は寛永九年 1632 に版行されたもので、江戸城天守閣は後年の振袖火事で炎上しただけに、聳え立つ威容がひときわ目を引きます。

鈴木重成は兄弟とともに駿河台の神田川沿いに甍を並べ、毎日その江戸城へ上っては、二代将軍秀忠、三代将軍家光に側仕えしました。

重成はそこで妻を娶り、二男五女をもうけたほか、兄重三の子・重辰をひきとって一人前にしました。その間、則定鈴木の家督、陣屋を相続し、七百石取りの旗本となりました。

本章では、そんな江戸城詰めの時期から五畿内代官として大坂の役宅に住んだころまでを主に取り上げてゆきます。

駿河台

東京のＪＲ中央線、お茶の水駅周辺は大学が多いせいでしょう、空気が若々しいですね。かたわら、江戸や明治、昭和の初めまでをしのばせる時間の深みがあって、わたくしの好きな界隈です。

神田川にかかるお茶の水橋。向こう（北側）が文京区湯島、手前が千代田区駿河台で、橋の右袂がＪＲ御茶の水駅、左の袂は交番になっています。

江戸時代にお茶の水橋は架かってなかったけれども、今言った交番から西へ向かうあたり一帯こそ、重成、重三、重之などが屋敷を拝領していた場所でした。今はすっかりビルが建ち並んでいて、往時をしのぶ目印のようなものは見当たらないのですが、古地図を持って歩いていると、不思議なほど通りは大筋で変わっていない、という感じです。

そもそも重成が徳川家康に召し出されたのは、慶長十九年 *1614*、二十七歳の時でした。それ以前、関ヶ原に出陣したと書いた辞典・事典もありますが、それは何かの間違いでしょう。出陣を証する当時。

の資料は無いし、だいいちその時重成は数え年でも十三歳。元服もしていなかったでしょう。
大坂冬の陣には父重次と重三・重猛・重成・重之の四兄弟が出陣しましたが、重三を除く皆さんは、則定から大坂へ向かったと思われます。重成は翌年夏の陣を戦った後、駿府の家康に小十人（こじゅうにん）として側仕えするようになります。重三（のちの正三）も一緒でした。その〝採用〟は、もちろん鈴木家累代（るいだい）の忠勤を踏まえてのことでしょう。家康が元和二年四月に歿した後は二代将軍秀忠に、今度も小十人として勤仕します。重成など駿河（静岡県）にいた家康家臣団は江戸の秀忠のもとへ呼び寄せられ、当時神田台と呼ばれていたこの地に屋敷を与えられました。そんなことから〝駿河台〟の名が生まれたことは皆さんとっくにご存じでしょう。

「鈴木氏系譜」の大成者鈴木和政（ともまさ）は、その末尾に、鈴木家は「賜第の移居三たび」と書き添えました。最初は「小川街、三崎稲荷神の祠辺」、次いで「駿河台鈴木街」、そして「今の紺屋町の賜第」であるといっています（「賜第」は拝領した邸宅。「第」はテイと読み、邸と同意）。

先年、東京天草郷友会の有志に誘われてあの界隈を歩いたのですが、一緒に皂角坂（さいかち）をくだって行くと、和政が「三崎稲荷神の祠」と書いた稲荷神社が現に立派に鎮座していて、宮司さんとも面談、今なお地域の人々に尊ばれている様子を目の当りにしました。

駿河台二丁目あたりからJR中央線沿いの土手を水道橋方面、即ちいまの三崎稲荷あたりまでくだる途中、立派な「皂角坂」の標示と説明書きに出会います。読めもしない、この珍しい名前は一帯に繁茂していたサイカチの樹に由来するとのことですが、ここがかつて重成や重三たちが毎日のように上り下りしていた坂なのだと思えば、何とも感慨深いものがあります。サイカチの樹は今も一本、元気です。

また和政は「駿河台鈴木街」に注して、「按ずるに鈴木街と称するものは此の地、恐らくは古同族各此の地に住するの故を以て後世鈴木街と称するならん」と書きましたが、『角川日本地名大辞典』は〈駿河台鈴木町〉を近代の地名とした上で、「江戸期、この地に鈴木姓の屋敷が多かったので、俗に鈴木町と呼ばれていた」とする点、和政の記述とぴたり符合します。現在の神田駿河台二丁目・三崎町一丁目がそれに当るということです。

この地名辞典はさらに「禅学者の鈴木正三もここに住んだという」と特記していて、わたくしの目は釘付けになりました。正三への評価の高さが思わぬところに露出していたわけですから。

でも、この界隈と鈴木家のゆかりは正三にとどまらなくて、神田川をはさんだ向こうは曾て鈴木和政

三崎稲荷神社（東京都千代田区）

重成兄弟が歩いたサイカチ坂
左：御茶ノ水　右：水道橋

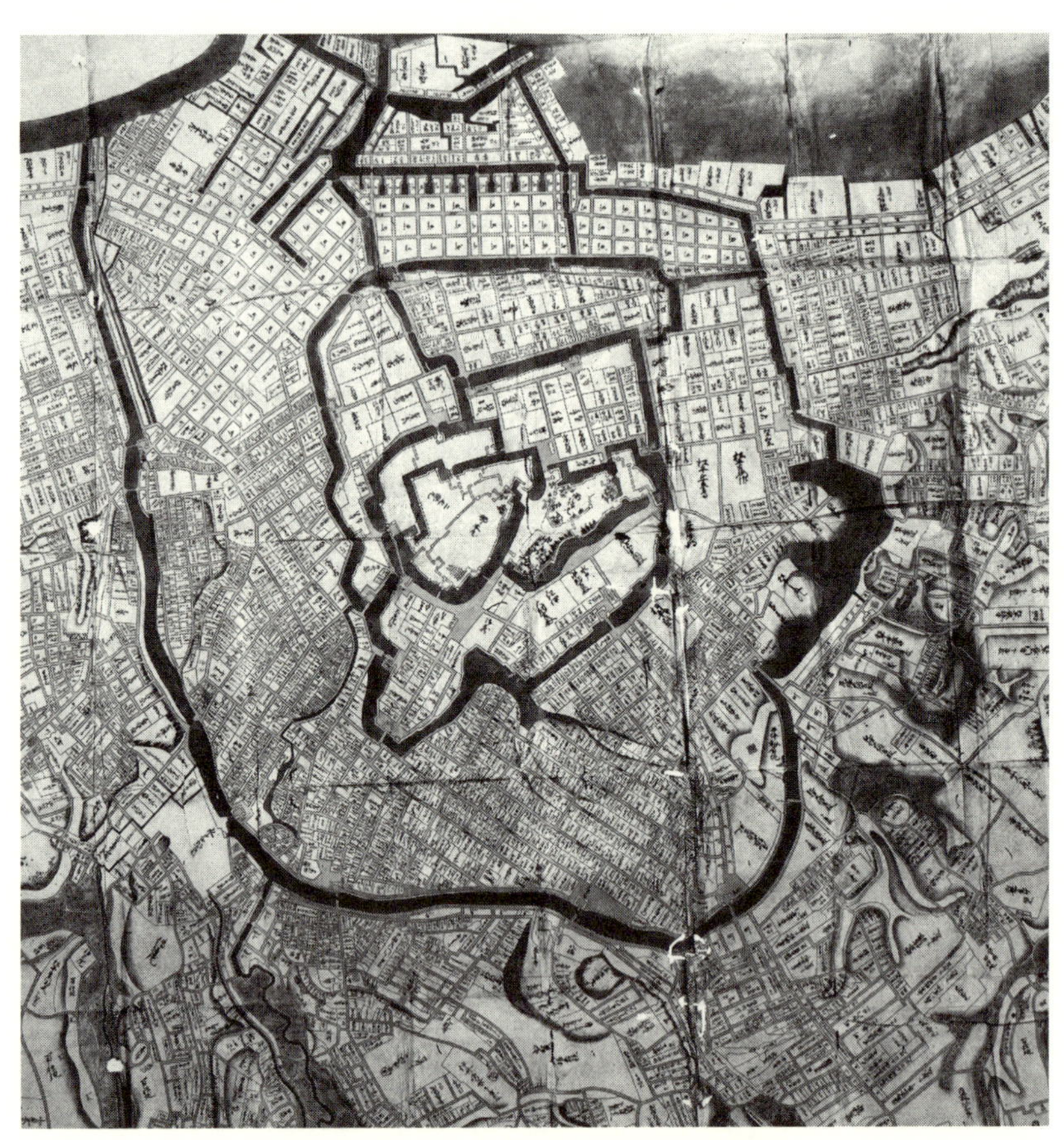

寛永江戸全図（大分県臼杵市教育委員会蔵）

が経書を講じた昌平坂学問所のあったところで、——現代人のわたくしは聖橋を、さだまさしの名曲「檸檬」を呟いたりしながら渡りますが、当時この橋は無かったのだから、和政は神田紺屋町の屋敷から昌平坂へは最短距離で昌平橋を渡って行ったのだと思います。それから幕末、三崎稲荷近くにあった〈講武所〉には、ずうっと後代の鈴木重備が指南役を得ていたことが判っています。

さて、重成が天正十六年1588、三河は足助の庄・則定村に生まれたことは確かなのですが、前にも申したとおり、その幼・少年期、さらに青春の時期をどこでどう過ごしたのか、実はいっこうに分かっていないのです。

兄の重三が高橋七十騎に属して家康の関東移封に従い、上総に移った……それで、重次一家も関東へ移住した……と考えられることが多かったのですが、その確証は得られていません。それどころか、逆に重次は則定を動かなかったのではないかという見方が近年は有力で、永青文庫にある熊本藩士鈴木家の〈先祖附〉には「慶長五年関ヶ原御陣の節、上意に付き御供仕り、御陣の間御側に罷り在り、御帰陣の上、本所三河に居住仕り候」と明記されているくらいです。長兄以外はそのころはまだ三河に住んだと考えるのが自然のようです。

¶

人物を語ろうとして、その人間形成のための最も微妙で大切な時期のことが分からないというのは如何にも残念です。まあそのぶん、少年重成、青年重成像を思い思いに思い描く自由が与えられている、と、そう考えるほか無いわけですけれど…。

ただ重成がこの土地、この家に生まれたということは、やはり置き換えのきかない重要な点でしょう。というのは、代々在地小領主の家柄で、松平（徳川）家臣となり、質実剛健の三河武士のなかでも忠毅をもって聞こえた鈴木家に生まれたことの意味は、どんなに強調しても過ぎることはないと思うからです。そして慈悲深い父母に養育され、聡明な兄・重三をはじめ七人きょうだいの真ん中として育ったこと、少年期には村の子どもと一緒に則定・矢並の山野を駆け回っていたであろうこと、村で目にするものといえば、農人たちの日々の労働とその哀歓、季節の祭りに折々の寺参り、自生するナンジャモンジャの白い花…。当然剣術の稽古にも励んだはずですが、読み書き算盤などは、どうやって会得していったのでしょう。後年の筆跡などからは、相当に高い域に達していると思われるのです。当時の一般的な状況から、ある程度は察しがつきますけれども。

中世から近世の武家の家訓などには、およそ武士たる者が嗜んでおくべき教養として、学問、弓、和歌、乗馬、包丁（＝料理）…など十科目以上挙げてあったりします。概ね文武両道ですね。学問は学文と書いたものが多い。その学文というのは、端的に言えば文字に習熟すること、そして和漢の古典を読むことですね。四書五経や兵書や唐詩選、伊勢物語や八代集、太平記なんか…。漢文といえば論語、というように短絡してはいけませんね。平安時代からよく読まれたのは漢書、蒙求です。特に『蒙求』は「勧学院の雀は蒙求を囀る」とまで言われて…。いま挙げた『太平記』は広く読まれたものではありますが、殊に鈴木家では必読書であり、重成兄弟の間で引っ張り凧だったのではないでしょうか。なにしろ『太平記』の中の大英雄・楠正成は鈴木家の血脈に直接つながっているわけですからねえ（重成から八代前、重員の妻は楠正成のむすめ。本書36頁）。

もう一つ忘れてならないのが北条泰時の『御成敗式目』です。この鎌倉幕府の基本法は室町幕府にも引き継がれたばかりか、江戸時代には広く民間にも普及し、素読や手習いの手本ともなりました。これを書き写すことで文字と言葉、漢文の読み方を覚え、人倫や世間法をわきまえる、という大変なテキストだったのです。

重成兄弟も当然のように、それら文武にわたる諸科目を父・重次のもとで修得していったわけでしょう。当時の教育の大部分は家庭で行われたようです。その点、どの家でも父母はつねに教育者でした。

¶

「武州豊嶋郡江戸庄図」ではのち（明暦三年 *1657*）に炎上する江戸城天守がひときわ目を引きますが、そのお城に上って奉公する重成はじめ五兄弟は、神田川沿いに屋敷を拝領していました。重成が妻を迎えたのはその初めのころと思われます。毎日駿河台から今の神保町へ下り、大手門または平河門から江戸城へ入ったでしょう。小十人、のちには御納戸頭として将軍に側仕えしました。

重成とその兄弟は、大坂夏の陣を戦うまでは徳川の忠良なる〝家臣〟ですが、若年寄支配下の小十人となって征夷大将軍に仕えるようになった時から、重成は〝幕臣〟になったと言っていいのでしょう。もっとも、家臣／幕臣の区別といってもそれは我々の概念上のことであって、当時のこととしてはあまり厳密を求めないほうが実際的ですね。家臣といえば家臣、幕臣といえば幕臣であるような身の上で、平日は殿中檜の間に勤番して将軍の護衛にあたり、将軍出御となれば供奉して先駆を勤めるなど、平坦なお城勤めが続くかに見えました。ところが三十代も後半に入り、三代将軍家光に仕えるころから重成の人生は徐々に大きく旋回しはじめ、やがて駿河台の自邸で過ごすことも稀になってゆきます。

駿河台の鈴木町から大坂の鈴木町へ

元和二年　一六一六　○大御所家康歿し、駿府の家臣団は秀忠に仕えるためこぞって江戸の駿河台に移る。重成（29歳）も移る。

元和五年　一六一九　○五月、将軍秀忠上洛。小十人重成（32歳）供奉する。弟の兵左衛門重之も同じく供奉する。伏見まで十九日間を要した。途次、三河の国の百姓が上書して代官を訴えることあり、重成命ぜられてこれを吟味する。

元和六年　一六二〇　○父重次、致仕して則定村に閑居。重成（33歳）家を継承し、合わせて七百石を知行する。

元和九年　一六二三　○重成（36歳）の長子・重頼（幼名、長九郎。長じて次郎左衛門と号する）が駿河台の屋敷で生まれる。

重成が本多忠勝の臣・梶次郎右衛門盛重の息女（のちに心光院と号した）を娶ったのが何年のことかはっきりしませんが、二人は長男重頼、次男重祐と五人の女子をもうけました。いずれも「江戸の賜邸」で生まれています。

○兄の重三は元和六年に剃髪していたが、この年正式に出家が認められ〝正三（しょうさん）〟を名乗る。その息子重辰（しげとき）（17歳）は重成が引き取って養う。

○徳川家光、第三代将軍となる

寛永二年　一六二五　○重成（38歳）信濃国材木目付を命ぜられる。
寛永三年　一六二六　○七月、将軍家光上洛。重成供奉する。
○重成（39歳）御納戸頭（元方）となる。
納戸頭（納戸方）は将軍家の金銀・衣服・調度の出納、大名・旗本以下の献上品および下賜の金品を司った役職。若年寄の支配に属し、元方が〝入（いり）〟を、払方が〝出（で）〟を担当しました。小十人が武臣としての役目であるのに対し、こちらはおのずから事務的・庶務的能力が要求される役柄。「徳川の平和」は武臣の役割を相対的に小さくし、〝御納戸〟は膨らんでいきました。

寛永五年　一六二八　○重成（41歳）五畿内の代官となる。

この事を「系譜」は「五畿内の地所を管す」と表現、熊本の先祖附は「上方御代官仰せ付けられ相勤む」と表現。両者とも重成は大坂に居住したと明記しています。大阪の史家寺沢光世さんの教えるところでは、大阪城の南、現在国立病院機構大阪医療センターがあるところは江戸時代には畿内代官の屋敷があり〈鈴木町〉といったそうです。

寛永六年　一六二九　○重成（42歳）摂津・河内両国の堤奉行を兼ねる。

「鈴木明神伝」に「寛永五年、摂河の間に大水あり。重成をして之を治めしむ」とあり、復旧に当たった重成の手腕を買った人事だったかも知れません。

五畿内代官・鈴木重成

鈴木重成は五畿内の代官衆の一人として、摂津、河内、それに播磨にあった幕府領を管轄しました*。その間の重成の動きを大まかに四点ほど取り上げてみようと思います。まずは最も広く知られた隠田の一件から。

❶隠田事件始末

寛永十一年 *1634* 重成47歳。隠田（おんでん）が発覚し、伏見奉行が関係者全員を死罪に処する旨言ってきた時のエピソードです。隠田は、年貢を免れるため密かに耕作する田地のこと。山かげなど役人の目につきにくい場所に苦心して開いたもので、隠し田とも言います。領主側は脱税行為として厳しくこれを禁じてきましたが、むろん農民の側にはそうする他ない切羽詰った現実がありました。

重成の支配地で隠田が発覚した時のことを、正三和尚の弟子・恵中（えちゅう）はこんな風に書きとめました。文中、「師」は正三、「成」は重成です。

師大坂に往（ゆ）きて県令〔＝代官〕鈴木重成の家に駐（と）まる。時に隠田の罪者（つみうど）あり。斯（ここ）に伏見の奉行〔小堀遠州守政一〕、書を成に通じて言（い）はく「隠田の男女、来日〔＝明日〕咸く死刑に行はるべし」と。師聆（き）いて成に謂（い）ひて曰（いは）く「参陽已降（このかた）〔＝徳川家では三河時代以来〕此（かく）の若（ごと）きの罪によつて女人の死刑無し。今に始め行ふときんば〔＝行ったならば〕、永劫の殃過（おうか）〔＝後の世までの禍根〕にして、不忠の事たり。

縦ひ身命を喪するとも、之を訴ふべし」と。成、諾して三たび書を復して、終に数多の女人を聴せり。是を以て隠田の舎財、皆成に賚ふ〔=下賜された〕。成、師に推つて〔=相談して〕曰く「隠田死刑の精魂を抜済せん〔=隠田の罪で死刑になった者たちの霊を救済したい〕」と。師云く「極重悪人を薩ふは弥陀尊に如くは莫し」と。便ち阿弥陀仏及び廿五菩薩の像を績つて其の迷衢を資く〔=往生のたすけとした〕。後、其の像を肥後天草に奉安す。今の菩薩堂なるもの是なり。（「石平道人行業記」）

文末に「今の菩薩堂なるもの」とあるのは天草・苓北町の円通寺のことです。恵中はこれより先『驢鞍橋』の中でも、三栄和尚（本書20頁）が語ったこととしてこの事件を記録していますので、そちらの記述も引き合わせ、劇的な展開を見せた事件の特徴的な点を拾ってみますと、――

・正三が「女人の死刑」を思いとどまらせるべく、身命を賭して奉行に訴えよと重成を激励したこと、
・重成はそれを実行すべく、大坂から伏見まで一町ごとに人を立て、助命嘆願のための書状をリレーで急送して、一夜のうちに交渉を繰返したこと、
・正三はその間、夜もすがら読経し、「日本国中の神」に加護を祈っていたこと、
・正三と重成は、没収・下付された罪人の家屋蓄財を善用すべく、阿弥陀如来と二十五体の菩薩像をつくり、処刑された百姓の鎮魂救済をはかったこと、
・重成は、キリシタン一揆によって仏寺仏像のほとんどを失った天草に代官として赴任する際、この阿弥陀如来と二十五菩薩の像を足助から運び、円通寺に安置したこと、

…といった点を確認できます。すこぶる特異でドラマチックな一件だったなあと思います。

阿弥陀如来と二十五菩薩像

ただ伝記資料としての「行業記」と「驢鞍橋」とは、時期に三年の違いがあり、罪の内容が異なり、一仏二十五菩薩像のことが記載されていたりいなかったり、といった食い違いがあるのですが、ここは双方の一長一短を勘案し、話としてまとまりのある形で諸点を整理してみた次第です。

この事件を恵中に語ったとき、三栄和尚は正三を評して「総じて若き時より人の為に善き事なれば、進んで勢を出(い)だし給ふ。殊に人の悪しき〔＝困っているの〕を見ては、我を忘れて憐れみ給ふ」（『驢鞍橋』下、一五〇）と語ったそうです。「義を見て為さざるは勇なきなり」の感がありますね。そして重成もまた同じようなところ、――すなわち冷静な判断の裏に人の難儀を手を拱(こまね)いて見ていられない男気といったものが潜んでいたように思われてなりません。しかしそこには美談として片付けてしまえないものがあるのも事実です。そのとき重成は幕府の吏僚として抜き差しならぬ矛盾に直面していたわけですから。

付記　阿弥陀如来と二十五菩薩像は、天草にとっても極めて大事なものとなりました。第八章「天草代官（二）」でそのことをやや詳しくお話するつもりです。ご参照ください。

❷住民トラブルがあった？

寺沢光世さんによると、大坂での重成は行政の現場の事情に疎く、年貢の徴収や規則の運用に関して住民と何度かぎくしゃくすることがあったそうです。特に初期の段階でそうだったらしく、それで、大坂では今日まで重成への注目度は至って低いとも言うのです。

さっきの隠田事件なんか自分の支配地での事件ですし、不問に付すこともできたのでは？という声を聞くこともありますけれど、それはまあ、重成はそういう人ではなかった、という他無いんじゃないでしょうかねえ。誰だったか、が「古より代官と徳利の首には終に縄の付くものといふ事あり」とか言ったように、代官の非違は珍しくなかったのだけれど、重成はそんな、ありがちな代官とは違っていた。清廉で曲がったことが大嫌いで…、それが住民とのトラブルを起こしていたとなると、どういう事情があったのでしょう。ひょっとして、その生真面目さが何かに引っかかった？

わたくしは、それは大坂弁ではないか、と。もっと言えば、大坂弁にくるまれた大坂人の気質だとか、人間関係だとか、そして問題解決の仕方とでもいったもの。もちろん假説ですが、そんな〝大坂弁の世界〟と、武骨な三河人気質で江戸城勤務の重成とが、どこか微妙なところで反りが合わず、双方意地になった、……そんな場面を想像するのです。大坂の町では「お奉行の名前も知らず年が暮れ」という句がもてはやされたといいます。これを〝鼓腹撃壌〟的な御政道礼賛だというのは何か困った時の遁辞にすぎなくて、むしろ天下の台所を支える大坂庶民の自信、或いは向こう意気のほとばしりのようなものが感じられませんか。もとは小西来山の句（「お奉行の名さへ覚えず年暮れぬ」）から来ているのでしょうが、〝いじる〟ことも珍しくない大坂町人感覚の襞が歴史の表に出ることはないのでしょうか。

それはそれ。寺沢さんはこうも指摘しているのです。

重成が他の代官と違って天草で偉大な代官として今日においても高い評価を得ているのは、実はこの上方での失敗を正面から受け止め、それを克服するために全力を尽くしたことにあった。

（寺沢光世「上方代官としての鈴木重成」）

なるほど！　と膝を打ちたくなりませんか。

古来、大を成した人物ほど〝失敗に学ぶ〟ことが大きかったですね。三方ヶ原で武田軍にこてんぱんにやられた家康は、敗戦に打ちひしがれた自分の姿を絵師に描かせました。絵は今も徳川美術館（名古屋市）で見ることができます。一般に家康の〝顰像〟と呼んでいるこの絵は、まことにトホホな家康像で、哀れというか、情けないというか……。そんな絵を描かせようという発想自体が到底余人の思い及ばぬところであり、ここにも桁外れの器の大きさが見て取れるでしょう。そのあたりから家康は一回りも二回りもスケールの大きな人物になってゆく。

その家康は、自分ひとり、自戒としてこの絵を見ていたのでしょうか。もしかして、主だった臣僚には常々見せて（目に触れるようにして）いたのではないか、わたくしにはそう思われてなりません。というのも、かつて今川の人質となった家康はその家臣団と忍苦艱難を共にし、結束を強固にしてきた過去を持っています（本書47～48頁）。三方ヶ原で武田軍に完敗した家康が、ここでも臥薪嘗胆して雪辱を期し、敢てこのような絵を描かせたのだとすれば、それはもう家康ひとりのものではないはずです。だとすれば、重成も家康顰像を見て他日の肥やしにしていたことが十分考えられましょう。

徳川家康三方ヶ原戦役画像
（徳川美術館蔵）

かつて朝河貫一という国際政治学者がいました。明治時代からアメリカの名門イェール大学で教鞭をとった人で、『日本の禍機』（明治41）という警世の書があります。朝河はその中で日本の武士道を称賛しながら、その根幹は「義に勇む」心にありとした上で、沈毅、思慮、反省といった要素を看過してはいけないと言い、〝反省する武士道〟ということを言って、日露戦争の勝利で増長し、国際情勢を冷静に客観的に見ようとしない祖国の指導層ならびに国民一般への警告としました。ここで反省とは、謙虚に己を顧み、自他を知るべきことをいったのです。牽強付会の謗りを恐れずに言えば、「失敗を正面から受け止め、それを克服するために全力を尽くした」重成は、朝河貫一が言った〝反省する武士道〟の実践者だったと言えるかも知れません。

❸ワン・ノブ・ゼム

さて、固有名詞とか役職名とかは、時に甚だ厄介ですね。たとえば、天草代官といえば天草の代官、天草を治める代官ですが、上方代官というのは、われわれが考えるような上方の代官ではないんですね。ええ、変なんです。当時幕領の代官は全国に六十三名、うち関東筋・奥羽筋の幕領を管轄した代官を〈関東御代官衆〉と称し、畿内・海道・北国・中国・西国の幕領を管轄した代官を〈上方御代官衆〉と総称しました。その意味では、天草の代官といえども上方御代官衆の一人なのですから、〝重成は上方代官と天草代官を兼務した〟というような言い方は本来成り立たないわけです。われわれは〝上方〟を勝手に、狭義の上方（＝五畿内）のイメージで受け取っていたのですね。

そこで私たちの鈴木重成伝においては〝五畿内の代官〟、或いは〝大坂代官衆のひとり〟といった表現で行こうかと思います。五畿内の代官衆は時代によって五〜十人ほどいたようです。

それに、――ここが大事だと思うのですが――これは単なる言葉、呼称の問題にはとどまらないんですね。重成は畿内代官衆のひとりとして、つまりチームの一員としての判断・行動が求められていたことを、われわれははっきり視野に入れておかなくてはならない。そこでは、領内での問題への臨機応変の対応、などということはしばしば阻害されます。事あるごとに「本庁〈勘定奉行〉に伺いを立てなくては」などと言う同職がいたりして…。さっきの住民とのトラブルだって、そういうことと無関係ではないように思うのです。つまり、大坂で重成の評価が低いというのも、ワン・ノブ・ゼムだったからに他ならない。大坂時代には、重成の主体的な判断、行動は制約が大きくて、その美点はなかなか発揮されなかったとおぼしく、それが存分に発揮されたのが天草だった、と考えられるのです。

またそんなわけで、大坂庶民との十全には円滑でなかったかもしれない関係、幕府の職制にからむ仕事のやりにくさ、といったものが相俟って、三河生まれの生真面目な理想主義者をいろんな意味で鍛えることになったので、重成における〝大坂体験〟は何ともかけがえのないものになった、と思うのです。人間的な幅といいましょうか、厚みといいましょうか。そしていつしか重成は大坂を愛し、大坂弁でものを考えるようになっていったのではないでしょうか。人の難儀を見ては、

「ほっとかれへんやないか！」

というように。

こうして重成は天草代官に任ぜられてからも、畿内代官との兼任を厭わず、最後まで多忙な日々を送ったのでした。次は、大坂に来て十七年、天草の代官を兼ねるようになって四年となる年の一件です。

❹臨南寺再興

大阪市東住吉区長居に臨南寺があります。この寺、もとは豊臣秀吉夫人淀君の発願によって建てられ、臨南庵と呼ばれたようです。冬・夏の陣で豊臣方が敗れて以来衰微していたのを、この地の代官鈴木重成が正保二年 *1645* に再興したのです。現在は、これが曹洞宗寺院かと目を疑うほどの現代的なデザインの伽藍（！）ですが、釈迦牟尼仏を本尊とし、堂内には開基のひと・鈴木重成の位牌が安置され、朝夕の礼拝を受けています。山号は含松山といいます。

正保二年は重成が代官を兼任する肥後・天草に寺社領三百石の下付があり、寺々の建築ラッシュが続いていた、……というより重成はこの年、大坂で臨南寺など三ヶ寺、天草で明徳寺や芳證寺など多くの寺院の建築を同時進行させていました。

臨南寺（大阪市東住吉区）

ここで臨南寺に注目するには、むろん理由があります。その第一は、徳川の家臣・幕臣たる鈴木重成が、事もあろうに、大坂の陣で戦死した豊臣家臣の鎮魂・慰霊の法要をこの寺で執行した、と寺に伝わっていることです。この一件は、世に〝怨親平等〟とか〝敵味方供養〟とか呼ばれて日本倫理思想史上看過できないテーマと連関しており、重成伝中極めて重大な意味をもつものです。のちほど、島原や天草を舞台にした章―第九章、天草代官（三）―で、角度を変えて取り上げたいと思います。

もう一つは、再興する寺の開山に万安英種 *1591–1634* を招いたことです。この和尚は鈴木正三無二の道友でした。『国史大辞典』がこの高名な和尚を詳記しつつ、「正保二年（一六四五）春に、鈴木不白居士の請に応じて、摂津住吉に臨南庵を構えて閑栖した」と言っているのがそれです。「不白居士」はもちろん重成の法号〈異中院殿不白英峰居士〉由来の呼び名です。これほどの人物を招く鈴木兄弟の人脈と力量にはほんとに驚かされます。英種はこの寺に五年いて、のちに京の興聖寺の開山となりました。どこへ行っても質素無欲を通し、僧俗の欽慕の的となりました。

当時大坂にはもう一人、禅の高僧が隠棲していました。かつて津和野の永明寺や周防の瑠璃光寺を住持した中華珪法和尚 *1588–1663* です。珪法に詳しい作家・示車右甫さんなどはこの時期の中華珪法は臨南寺にいたと見ているのですが、隠棲の身とはいえ、さすがに正三和尚と代官重成の懇請（こんせい）は否（いな）みがたく、意を決して天草へ飛錫（ひしゃく）、東向寺はじめ天草の禅林七ヶ寺の開山となりました。のちに天草が〝仏教王国〟とまで言われるようになる、その機縁のひとつは確かにここにありました。

＊**代官と天領**　ここでも入門的な用語解説を少々。こんにち我々が普通に思い浮かべる代官は、江戸時代、幕府の直轄地を支配し年貢の徴収や民政に携った役人のことで、勘定奉行の配下にありました。それ以外の〈代官〉もいたので、時々混乱が見られます。歴史的には平安時代以来、荘園領主の代理、地頭の代理、守護の代理という形で職務に当たった役人を代官と呼んでいました。また江戸時代でも幕府領の代官の他、各藩には大名の直轄地――〈蔵入り地〉という――を管理する代官がいました。島原で百姓が蜂起したとき、最初に殺害された島原松倉藩の代官・林某などがそれです。幕府代官は旗本の中から任命されますが、幕府直参旗本五千人のうち庶民と直接接点のあったのは代官だけだといわれます。

江戸時代、全国の土地という土地は、⑴皇室領、⑵寺社領、⑶大名領、⑷旗本知行所、⑸幕府直轄領の五つに類別されていましたが、そのうち幕府直轄領は大名徳川の蔵入り地から発展し、全国68ヶ国中47ヶ国に置かれて膨大な幕府財政の基盤をなしました。慶長年間には二百万石を超え、元和・寛永期を経て元禄・正徳期には四百万石〈全体の約16％〉に達しました。幕府領を〈天領〉というのは明治になってからの呼称です。

・第五章・
天草島原きりしたん一揆

其ノ反セシハ、タダニ南蛮ノ法ヲ信ゼシガ為ナルノミニ非ズ。（魚沼国器）

かつて「有馬の陣」とも「島原の乱」とも呼んだ騒乱は、事件の性格の複雑さゆえに、その呼称がなかなか定まりません。「島原・天草の乱」を経て昨今は「島原・天草一揆」と呼ぶことが多くなりましたが、今回両方の地名の後に、江戸時代にも使われた「きりしたん一揆」という句を続けみて、不思議な感じに襲われています。「キリシタン」と「一揆」はまったく並び立つはずが無いにもかかわらず、事件の主体は紛れもなくキリシタンでした。語義矛盾も甚だしいその奇妙な関係は、しかし却ってあの事件の捉えにくさを照射しているかも知れず、あえて表題に使ってみました。本文では長々しいので、さまざまに言い換えていますけれども。

一揆と言っても要求がはっきりしない。展望も無ければ勝算も無い。憤懣の爆発に始まり殉教という名の玉砕に終わったあの騒乱は〈蟷螂（とうろう）の斧（おの）〉という言葉を思い起こさせないでしょうか。手もとの辞書はこの成句を定義して「むだだとわかっていてもせずにはいられない、強い相手に対する抵抗」であるといいます。「強い相手」の中には鈴木重成もいたのでした。このいくさ、鈴木重成の人生を一変させずにはおかなかったようです。

鈴木重成、島原へ

肥前島原の有馬村で発火した騒動がたちまち燃え広がって手が付けられない、——そんな飛報が江戸城に届いたのは、事件発生から半月、寛永十四年1637十一月九日のことでした。

騒乱に関する豊後目付(ぶんごめつけ)からの情報は、その規模といい性格といい、これまでの百姓一揆とはまったく異なることを示していましたから、幕府はみずから鎮圧に乗り出すことにし、征討軍（幕府と九州諸藩との連合軍）の指揮官として上使(じょうし)・板倉重昌と石谷(いしがい)定清を派遣することを決め、参勤中の島原藩主・松倉勝家をはじめ近隣諸藩の大名たちにも帰国を命じ、出動に備えさせました。

その後幕府は重ねての上使として老中・松平伊豆守信綱と美濃大垣城主・戸田左門氏鉄(うじかね)両名の派遣を決めましたが、そのとき板倉たちはまだ現地に到着さえしていなかったことを私たちは長い間見逃してきたようです。そこからいろんな誤解も生じたので、例えば岩波新書の『江戸時代』（北島正元、昭和33）は当時当然のように広範な読者に迎えられましたが、「島原の乱」を叙したくだりに、「〔一揆勢は〕原の古城にたてこもり（…）十二万の幕府軍と二ヵ月にわたって勇敢にたたかった」とあり、それがいかに激戦であったかを伝えようとして、著者はわざわざこんな注釈を付けていたのです、――「幕府がわは総大将板倉重昌が戦死したので、あわてて老中松平信綱をさしむけたほどである」と。

当時わたくしは高校一年生で、むろんそのとおりに受け取りましたし、まあ一般の方々のイメージもそんな風に形作られていったように思います。

事実はどうだったのか、経過のあらましを整理しておきましょう。さいわい、古くは林銑吉氏の、近年は鶴田倉造氏の綿密な史料調査が進んでいます。それらに寄りかかりながら、かいつまんで見てゆきましょう。

寛永14年　5月以来　各地に天変地異相次ぐ。
10月中旬　「天人」天草四郎の出現を告げる〈かずさじゅあん〉の廻状が出回る。
10月24日　天草と島原の頭立つ者たちが天草の湯島で蜂起を談合する。
25日　島原で百姓が松倉の代官を殺害し蜂起。翌日には天草も蜂起する。
11月9日　幕府、追討上使として深溝藩主板倉重昌と目付石谷貞清の派遣を決め、参勤中の九州諸大名に帰国を命ずる。
12日　天草四郎、島原の一揆勢とともに上津浦へ渡り天草での緊張高まる。14日の島子・本戸の戦いを経て19日、21日富岡城攻防戦。
27日　幕府は重ねての上使として老中松平信綱と大垣藩主戸田氏鉄の派遣を決定。
12月6日　板倉重昌、石谷貞清有馬に着陣。このころ島原・天草の一揆勢はすべて原城に籠城していた。10日より攻防戦始まる。
16日　松平信綱・戸田氏鉄大坂入り。大坂城代阿部正次ほかと面談、鈴木重成に同道を求める。
寛永15年　1月1日　原城総攻撃で総大将板倉重昌が銃弾を受けて戦死。攻城側の死者多数。
3日　松平・戸田・鈴木等島原に到着、板倉の戦死と戦況の詳細を聴く。
4日　右の諸将有馬に着陣。新たな幕藩軍の編成。

幕府が松平と戸田を重ねて追討上使としたのは、何も北島氏がいうような、慌(あわ)ててとか、業(ごう)を煮(に)やしてとかではなかったことが判ります。板倉たちの焦慮のほどは想像に難(かた)くないし、同情したくもなりますけれども、…では比較的早い段階で松平と戸田を重ねての追討使とした本当の理由とはいったい何だったのか。

林銑吉氏などは夙(つと)に、「幕府　島原天草一揆鎮定ノ後ノ仕置トシテ老中松平信綱、大垣城主戸田氏鉄ヲ肥前ニ差遣ス」と明快に把握していた(『島原半島史』中巻、昭和29)のですが、松平・戸田の追討使派遣を決めた翌日、土井利勝・酒井忠勝・阿部忠秋三人の老中が連署した生々しい史料(奉書)があります。

今度嶋原天草きりしたん蜂起の儀　今程は相済み申すべく候。然れば彼徒以下御仕置の為　上使松平伊豆守並びに戸田左門　差し遣はされ候。
(下野結城水野家文書。文中「御仕置の為」は「御仕置として」とも読める)

天草島原地域の主な地名

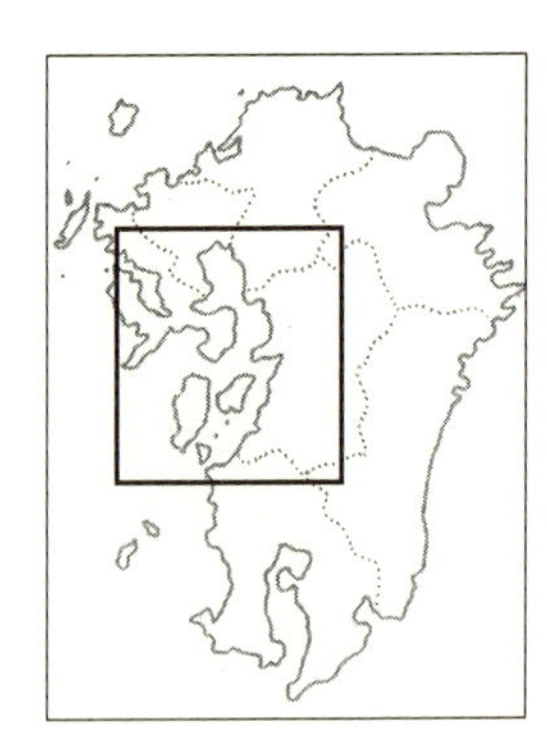

右上枠内の拡大図

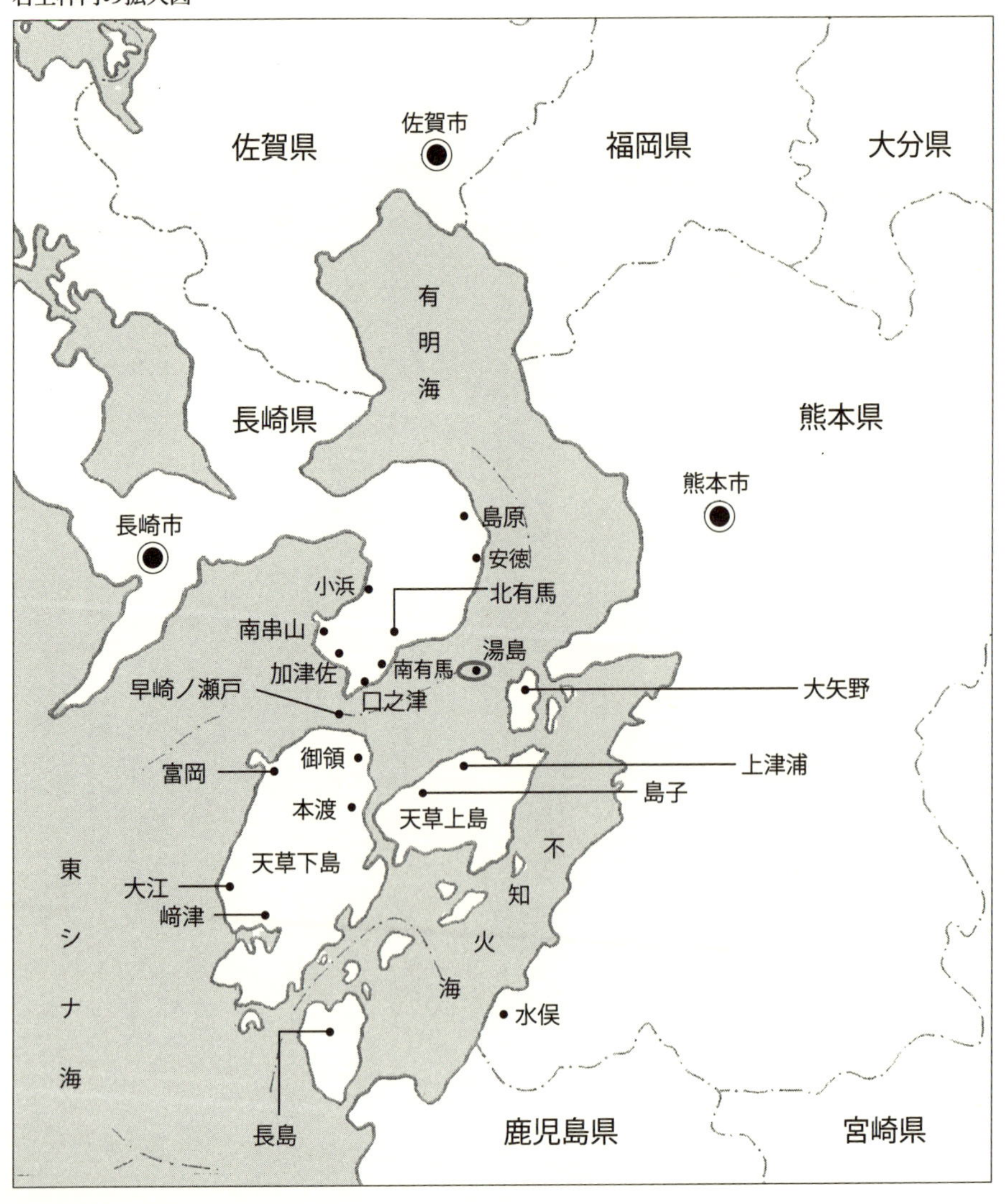

幕府中枢の態度が明瞭に出ていますね。第一はこの事件の本質を「きりしたん蜂起」と見抜いていること、第二は鎮圧の見通しが「今程は〔＝間もなく〕相済み申すべく」という程度の楽観的なものであったこと、そして第三、追討使といっても松平・戸田の派遣は事後の始末が目的（「彼徒以下御仕置の為」）であった、ということですね。さらに付け加えれば、一揆勢の手ごわさを読み誤っていたことまでもが露呈しています。

ですから、「信綱は大坂に着くまでは、まだ自分から城攻めの指揮をとることになろうなどとは考えていなかったらしい」という見方（岡田章雄『天草時貞』昭和35）は正鵠を射ていたわけです。関ヶ原の経験もある六十歳の戸田とちがい、四十二歳の松平は、いくら切れ者だといっても実戦の経験が無いままの総司令官ということになります。

でもそうも言っていられない状況があったわけで、…なにしろ豊後目付から江戸への飛報は大坂城代を経由するなど西国の新しい情報はまず大坂に寄せられていましたし、上使としての松平は「西国筋の飛檄〔＝飛報〕、途中に於て内覧する事をゆるされ」ていました（『徳川実紀』）から、そこで島原と天草の戦況が江戸城内よりもずっと早く、ずっとリアルに感じられたという事情があり、岡田氏も「原城に立てこもった一揆の勢力が意外につよく、戦況が少しもはかどらないことを知って、ようやくこの反乱の鎮定を板倉にまかせておくことはできないと考えたのであろう」と推測しています。それは確かにそうなのでしょう。しかし一方、「〔松平は〕出発に先立って、大坂城内の大砲数門と多くの玉薬を積みこませ、また砲術家の鈴木三郎九郎という者を連れて行くことにした」と述べるのを見れば、我々としては苦笑を禁じ得ません。そういう言いまわしはその人物がいかにも世に知られていないとの印象を与えますけれども、ここでいう三郎九郎なる武士こそ、のちに天草の代官となって一揆後の天草と島原を復興に導き、「名代官として長く民衆に慕われた」人物であって（『三省堂コンサイス日本人名事典』昭和51）、認識の落差というものは、時にこのように人の頬を緩ませるもののようです。

しかし何気ないような岡田氏の右の記述は、鈴木重成が歴史の表舞台に躍り出た一瞬をとらえていたと言えなくもないわけですけれど、今見たような言いまわしの所為で〝客席〟の大多数はその瞬間を見逃したに違いありません。

当の鈴木はれっきとした旗本で、以前は江戸城詰めの御納戸頭として信任厚く、当時は五畿内の幕領を管轄する上方代官衆の一人でした。そうした重要な立場にあるのを承知で松平は鈴木重成に九州行きを要請したわけで、それは今が国家非常の只中にあり、重成管轄の幕領の仕置きは他の代官に代行させてでも、と考えてのことだったと思われます。

一行が島原の有馬に着陣したのは、さきほど見たとおり正月四日、板倉重昌の壮烈な戦死から三日後のことでした。凄惨と緊迫の中、重成五十一歳の年明けでした。

詳細な原城リポート

大坂にあって五畿内の幕府領を管轄していた鈴木重成が上使松平信綱の要請を受けて島原へ向かい、有馬に着陣した寛永十五年 *1637* 一月四日までのことを先に述べました。以下、それ以後のことをお話しようと思いますが、〝島原の乱〟については実に多くの書物が出ており、そのどれをとっても出てくるような話題をここで繰り返すことは極力避けたいと思います。

その上でここに取り上げたいと思いますのは、まず鈴木重成による詳細な原城リポートです。

近年、重成が有馬の陣中から発した書状が現地の様子をリアルに伝えるものとして注目されることが多くなりました。その代表的なものに水本邦彦さんの『徳川の国家デザイン』（平成20）があります。「松平信綱の鉄砲奉行として従軍し、一揆鎮圧後、天草代官として活躍した鈴木重成の書状である。差出しの日付は板倉重昌が戦死した直後の一月七日、宛名は大坂近辺の幕府領を管理する代官衆である」とし、「書状はなまなましく原城の攻防を伝える」としています。その原文〈中家文書〉はわたくしどもが編んだ『天草代官鈴木重成鈴木重辰関係史料集』に収めていますので、ここではそれを現代語訳して――判読できていない部分は大意をとり、或いはその部分を省略して――お目にかけましょう。


新年のお慶びめでたく申し納めます。どちら様もお変わりなくお過ごしでしょうか。わたくしも道中障りなく、去る四日、こちら有馬古町に参着いたしました。

一、吉利支丹一揆の者どもが立てこもる古城は、すこぶる堅固に造られています。去る元日に板倉内膳〔重昌〕殿、石谷十蔵〔貞清〕殿より全軍に対し総攻撃の命令が下り、朝六時から〔…〕攻めかかりますと、城中から雨のように鉄砲を撃ちかけ、塀際に取り付いた者には目も開けられぬほど石（いし）飛礫（つぶて）を投げつけて来たため、攻め手はことごとく打ち倒され撤退しました。板倉殿は討死、石谷殿は左手に負傷、松平甚三郎殿は脛（すね）に負傷、その他攻め手の負傷者、死者は別紙にしたためてお知らせします。
一、城中は本丸・二の丸・三の丸、そのほか砦にまで堀を掘り、塀を築き、その内側には〔防弾の〕竹の束をつき、小石を拾い掛け、その次に土を詰めた俵を積んで内からは走り上がれるように設え、堀の上から三尺ほど下げて武者走りを付け、そこから鉄砲を撃ち、石飛礫を放つことができるようになっている由、落人が話しています。
一、こちらは石火矢〔＝弩〕、大筒〔＝大砲〕を構え、築山や井楼〔＝櫓〕を組むなどして昼となく夜となく攻めますが、一揆勢は塀から一間余りのところに穴を掘り、そこに身を隠しているので、こちらからの砲撃もあまり痛手にはなっていない由。
一、小屋がけは、多くは〔防火用に〕土や漆喰で塗っているように見えますし、小屋の中にも穴を掘って砲撃に備えていると落人が申しており、強引に攻撃しても効果は限られる模様です。
一、城中からは鉄砲一つ撃ってはきません。そのかわりこちらから攻めるときには限りなく撃ってきます。ふだん鹿や鳥を撃ちなれた者ばかりなので、撃ち損じは一つもないとのこと。
一、城中の米は三四月までは事欠くことはあるまいとのことですが、塩と薪は不自由しそうだとのことです。
一、松平伊豆殿、戸田左門殿到着以来の先手が草臥れていることから、肥後の軍勢ならびに寺沢兵庫頭殿の軍勢が加わることになり、肥後の軍勢は一昨日参着しました。それゆえ陣立てを改めたところです。只今は築山を高く築き上げて城中を眼下に見ることができるようにせよと仰せ付けられており、そのほか敵陣に討ち入る時のために道をつくり、〔築山に上るための〕竹梯子を用意するよう仰せ付けられています。

一、〔…〕鉄砲で攻めてはいるものの、様子見が続いて戦は長引く形勢です。〔この手紙〕どなた様にも別々に書いてお届けすべきですが、同一の内容となりますので、連名の一紙にしました。また改めてお知らせ申しましょう。

恐々謹言

正月七日　　　　鈴木三郎九郎

根来右京様〔外十一名連記〕

この後重成は筆を改め、天草四郎について次のように書き添えています。特に目を引くくだりでもあり、まず原文をお示しし、その後に現代語訳を付けてみましょう。

〔…〕天草四郎事、年十六之由申候。ていうすへんけきれう成事つゝき無御座候由申候。城中のもの共おかミあかめ申事、六条門跡よりまし申候と御心得可被成候。中〳〵下々のもの共かうべをあけ見申事成申さす候よし、落人かたり申候。

——天草四郎というのは、年は十六とのこと。ゼウスの変化(へんげ)で、容姿秀麗なること比類無い由。城中の者どもがこの少年を拝み崇めることは、六条の門跡(もんぜき)〔＝あの本願寺の門主〕以上であるとお考えください。下々の者どもは、顔を上げて見ることなど到底できないとのことです。これは城中からの落人(おちうど)が語ったことです。

「別紙にしたためて…」としていた「正月朔日諸手手負・死人」の件はここでは割愛し、同日付、重成が発した別の書状（こちらは大坂城代宛）に注目したいと思います。一つは四郎が籠っていたと考えられる城中の建物（「寺」）についての観察で、もう一つは一揆の女たちの奮戦ぶりについての聞き書きで、貴重な証言です。

・城中本丸には古き石垣其の儘にて御座候。其の内に寺をつくり参り下向仕る〔＝出入りしている〕由にて、棟高き家二つ見え申し候。其の外は小屋がけと見え申し候。
・〔元日卯の刻の攻城では〕女どもまで襷（たすき）をかけ、くるすを額に当て、鉢巻をいたし、石飛礫を雨の降るほどに打ち申し候。

このように重成は一揆勢が立て籠もる原城内の様子、その戦いぶり、盟主天草四郎への尋常ならざる崇拝ぶりまでをいち早く詳細に報じたのでした。四郎について六条の門跡以上の崇拝を受けているというのには、歴代の政権が手を焼いてきた一向宗門徒の結束力が意識されているでしょう。

原城炎上

「天人」こと天草四郎時貞を盟主とする一揆勢と、「知恵伊豆」こと松平伊豆守信綱を総大将とする征討軍との長期戦も、二月二十七、二十八日両日の総攻めで決着がつきました。いろいろあったその経過はここで逐一喃喃とするには及ばないほど周知のことだと思います。ただ私たちとしては、幕府が編修した資料に重成が原城に一番乗りしたように書いてある件は見過ごせません。

〔寛永〕十四年肥前国において耶蘇の徒蜂起のとき、男重辰をともなひ、松平伊豆守信綱に従ひ、かの地に赴き、落城のとき本丸に先登して軍功あり。（寛政譜、重成の項）

これは甚だ疑わしいですね。というのも、戦場で先陣を切る、或いは先登を果たすということは武士にとって大きな誉れだったわけで、ここの寛政譜の記事も、先登や先陣をもって武士の勇猛果敢をあらわす故例に倣ったままでだ、と考えられるからなんですね。北野典夫さんなんかも、「あれは鈴木重成への単なる社交辞令にすぎない」と言ってたくらいで、武家社会の常套的な挨拶句だと受け止めるのが筋だと思います。

それに、鈴木重成を主人公、もしくは重要な登場人物にする小説――例えば藤井素介『雲さわぐ』、黒瀬昇次郎『切腹』、石牟礼道子『春の城』、示車右甫『天草回廊記』など――がいずれも重成に「先登」させていないことも思い合わせ、いっそうその感を強くします。〝その場面〟を石牟礼道子は、見事にこう叙しています。

鈴木三郎九郎は最後に炎上する本丸の有様を見たくて、「鉄砲奉行じゃ、通せ」と常には言わぬ押し殺した声でいい、こみ合う武者たちの間をこじあけ、忠利らとは少しへだたって同じ情景を見た。女たちが炎の中に入ってゆく様を、侍たちは声を失ったもののように見つめていた。炎の中で長い髪が一瞬逆立ち、腕にかけた絹物の小袖が天女の振る領巾（ひれ）のごとくに舞いのぼった。三郎九郎は思わず瞑目（めいもく）した。人間の位相を超えた者の姿であった。かの時の名状（めいじょう）しがたい衝撃が彼をとらえて離さない。

（『春の城』第十章「炎上」）

また「先登」のことと同じく、寛政譜の、その後に続く記述も注意深く見てゆく必要がありそうです。

信綱凱陣の後重成なほかの地にとどまりしかば、其の軍功を老中に告ぐるの旨信綱書を与へてこれを賞す。十六年十月朔日、肥後国天草荒廃の地開発のことをうけたまはり、かの地に赴く。十八年九月、天草の代官職となる。

上使が引きあげた後も重成は現地にとどまったというのですが、「上使衆」の一人として、上使の意向と無関係の行動はないはずですから、ここは、信綱が残留を命じた、と読むのが真っ当でしょう。ただ信綱は後のことを鈴木におっかぶせて自分たちだけ「凱陣」したのではなく、彼は一揆直後の天草を疾風のごとく巡検（三月十三日三角、十四日上津浦、栖本、本戸、河内浦、十五日富岡、十六日茂木～長崎）し、平戸のオランダ商館にも足を伸ばし、事後の対策に思いをめぐらしながら九州を離れたのでした。いずれにしても〝キリシタン一揆鎮定後の仕置き〟という上使松平が負った本来の使命は、具体的には重成の手に委ねられたことになります。先には「鉄炮の鍛錬有るを以て」西国行きを要請された重成でしたが、今度は練達の行政マンとして「天草荒廃の地開発のこと」に携わることになりました。

重成は、このたびの一揆がもたらした言わく言いがたい衝撃と、解くに解けない大きな疑問――あのいくさ、いったい何であったか？――に直面していました。亡所開発仕置という新しい任務も、すべてはそこからしか始まらないと思われました。

あのいくさ、何であったか

天草島原一揆が寺沢・松倉の容赦のない年貢取立てへの憤懣、假借なきキリシタン禁制への抗議という二つの動因が絡み合い、天候不順による飢饉が引き金となって勃発したものであることは周知のことなので、ここで改めて議論するまでもないでしょう。そして、いや、しかしと言いなおしましょう、天草と島原で武装蜂起した人々は、そうしたどれほど同情すべき事情があったにせよ、豊臣政権以来の国家の基本方針に鋭く敵対して集団武力行動に及んだのですから、ヴァチカンもこれを〝殉教者〟とは見做してはいません。それどころか彼らは「叛徒」「凶徒」「賊徒」と言われ、またその行動は「乱」と呼びならわされてもきました。

にもかかわらず、わたくしは「天草島原きりしたん一揆」で通している。あの武装蜂起を「乱」と呼ぶようになるのは明治の半ばごろからのようですが、わたくしは「島原の乱」という呼称はどうも釈然としない。そう言ったのでは一揆方を一面的に断罪しかねないからです。〝蟷螂(とうろう)の斧(おの)〟のようだったあの一揆が、いま述べたような理由によって「徹底的に粉砕される運命にあった」（水本前掲書）のは確かなんですよね。確かなんだけれども、それはそれとしてどうにも後味が悪い。

後味の悪さの原因は、殲滅した相手が戦闘集団でなかった、すなわちその多くが百姓漁師であり、女子供も多く混じっていたということがいちばんでしょうか。加えて征討軍に多数の戦死者、負傷者が出たということがある。

当時大村の牢に囚われていたポルトガル人修道士の手記にこんな一節があります。

> 攻撃軍の死者は反軍の約二倍と算せられる迄の多数に上り、中には高禄の大名にして落命したものもある。戦場を引上げる者は一人として、亡くなつた親類縁者のため、或は戦友のため、慟哭せぬ者は無かつた。／私は島原通ひの本街道筋の牢屋にゐたので全軍引上げの時、主人を亡くした家来が主なき馬を曳いて泣きながら故郷に帰るのを目撃した。
>
> （ドアルテ・コレア「天草島原一揆報告書」木村毅訳）

戦場を引上げる攻撃軍の誰もが慟哭したと伝え聞いた事実に対して、その涙を親類縁者戦友のためと書くあたり、いかにも西洋的な解釈と言い回しだと感じます。事の大筋はそうだとしても、わたくしは彼らが泣いたのは親類縁者や戦友のためばかりではなかったのではないか、と。別に揚げ足をとってどうこう言うのではない。…何と言えばいいか、わたくしは戦そのものの悲惨を言おうとして口ごもらざるを得ない。戦場で、或いは戦場から帰って惑乱する戦士がいることは、現代史の生々しい記憶でもあります。戦中戦後のわが国で、ヴェトナムで、アフガンで、中東のあちこちで…。

そもそも一揆勢は籠城するつもりはなかった。征討軍も一揆勢を皆殺しにするつもりはなかった。あれよあれよという間に、一揆勢は一揆の基本性格である条件闘争の道を捨て、二月一日の「四郎法度書(はっとがき)」のころから全員殉教という名の玉砕への道を選択するんですね。実にやりきれない。

鈴木重成は鉄砲奉行でしょう。大砲とその弾薬を扱うのが主たる任務だったはずです。戦争はすでに槍や刀の時代ではなくなり、大坂両度の陣では鉄砲さえもが主役の座を大砲に譲っていました。原城では、前に見たように、なかなか城中に攻め込めない戦況の中で、大砲の任務は重大だったわけです。その分、戦の後、重成の胸は人一倍疼(うず)いたであろうと思います。

ところで私たちは、まだ天草四郎を話題に上せていません。

先年、天草の人物列伝を編む過程で、編集の仲間と〝天草四郎とは何か?〟という議論をしたことがあります。歴史事典や人物事典などは「島原の乱の総大将」とか「首領」とか言っているけれども、本当にそうか? という問題提起でした。というのも、一揆勢の求心力は確かにこの十六歳の若者によって保たれていたと思われるのに、戦いを指揮した様子がまるで見られないからです。四郎はどこまでも祈る人であり、精神的なシンボルとして推戴されていた。四郎は叛乱軍を統率し戦闘を指揮する総大将などではなく、ひたすら人々の苦患と悲哀を一身に受けとめ、祈る人として君臨し、立ち帰りの人々を慰藉(いしゃ)し統合していた、とそう見ることで大方の一致を見たのでした。

しかるに――その結果と言うほかないと思うのですが――キリシタンを奉ずる万余の民が死への道を急ぎました。彼らはみずから望んでパライソへの途についたというけれども、信仰が、結束が、そして四郎の存在が、そうさせたことは確かです。このような酷い死に方、殺され方をしてもまあそれを殉教だ昇天だと謂う宗教とはいったい何なのか。人民を死に誘う教えなどそもそもあっていいものか。

重成もきっとそう考えただろうと思い、わたくしはさらにその胸中を推し量らずにはいられません。

——キリシタンは国法に背き藩主を攻撃して一揆騒乱に及んだ。それ故我らはこれを鎮圧せんと集結し攻城戦となったが、あの者どもの籠城は明らかに追いつめられた結果と見えた。一方、藩主にあっては本来〝治国安民〟以上の大事は無いはず。国を治め、民を安んずる…。しかし聞くところによれば、松倉殿は民を安んずるどころか、これを激しく虐げる悪逆非道、目を覆い耳をふさぐ狂気の沙汰であったという。わが国では百姓は古来〝おほみたから〟と呼ばれてきたではないか。御政道に携る者がこれを虐げて何とする。天草支配の寺沢殿はそこまではなかったというが、果たしてどうか。あの者どもを崖っぷちまで追いつめたのはいったい誰か。そもそも、国法に背いたのは誰だ。

立ち竦みつつも重成は、松倉・寺沢両氏の悪政のことも合わせ考え、きっとこんな思いをつよくしていたに違いありません。〝民を治める者は、何を措いても民を生かすことを考えなければならない。飢え死にせぬように、凍え死にせぬように、ましていくさに押し潰されるようなことなど無きように〟と。

・第六章・

特命代官、海を渡る

海をはさんで向かいあう天草と島原の村々。双方で上がった激しい戦火はやがて収まり、あとには空虚からの出発が待っていた。

肥前・島原と肥後・天草の間に横たわる有明海。その両地方が最も接近しているあたりを〈早崎ノ瀬戸〉と呼びます。かつて天草四郎たちが戦いのため原城へ向かい、のちに鈴木重成が両地方復興のために往来した海峡です。口絵⑩

天草島原一揆当時、平戸のオランダ商館長だったN・クーケバッケルは重要な証言を数多く残しましたが、バタビアのインド総督に宛てた手紙の中で「天草の地は長崎湾の南方、有馬の地方と相対し、引潮の時には歩いて渉ることができる」とも書いて私たちをのけぞらせていきます。確かに一衣帯水とも指呼の間とも言えますが、しかし最短のルート、島原の口之津港―天草の鬼池港間でもその距離八キロメートル、中ほどの深さ百メートルの豊かな海です。

貴重な記録にもときどき、或いはしばしば、鵜呑みにできない情報が混じっているので、史料はありがたくもあり怖くもあります。わたくし自身への戒めとして。

〝特命代官〟とはなにか

島原半島南部は「南目（みなんめ）」といい、北部は「北目」といいますが、キリシタンが広がったのは南目が主で、一味同心、一揆に参加した十三ヶ村の中でも、口之津、加津佐、串山、有馬、有家、堂崎、布津の七ヶ村は全滅したと言われています。村人のほとんどがキリシタンになっていて、原城で死んだからですね。その酷さは天草の比ではなかった。もっとも、北目などに逃散し、原城陥落後に帰村した家族がかなりあったことも頭の隅に置いておかなければなりません。

島原は大名の松倉が斬罪に処せられ、後には浜松から譜代大名の高力（こうりき）摂津守忠房が封（ほう）ぜられました。天草には、謹慎処分となった寺沢に代り、備中成羽から山崎甲斐守家治が入部しますが、両藩とも原状回復すら困難でした。

ところで、鈴木重成の天草代官就任は一揆終結から三年半後の寛永十八年九月ですが、実はその間も「御代官」「幕吏」「郡職」などと呼ばれていました。天草だけでなく、島原でも同じです。藩領の幕府代官というのはどう考えればいいのだろう？——これは多くの方が疑問に思ってきた大きな問題です。

寛政譜は重成の動静について、「信綱凱陣の後なほかの地にとどまり」としながら何ら具体的には記していませんけれども、実は寛永十六年、重成は島原と天草の僧侶を原城跡に招集し、陣歿者慰霊の法要を営んだことが判っています（願心寺文書）。さらに重成は有馬の日野江城近くに浄土宗・願心寺を、また口之津の港近くに曹洞宗・玉峰寺を相次ぎ開基しました。これらのことは高力氏支配の島原藩領内で一幕臣たる身のよく為しうることであるかどうか、答えはおのずから明らかでしょう。この時期、重成にはそのような権限が下されていたと推測せざるを得ません。

いっぽう寛政譜は「（重成）十六年十月朔日、肥後国天草開発のことをうけたまはり、かの地におもむく」と記します。幕府は天草の新領主・山崎家治から亡所開発に手を焼いている旨の訴えをたびたび受け、「鈴木重成に亡所開発の特命を授けて（…）天草に派遣した」のでした（『五和町史』、鶴田倉造筆）。しかしこれは「すでに天草の領主として山崎家治を遣わしている幕府としては異例の出来事」（同）ですね。それだけ事態は深刻だったわけですけれど、また従来の藩政一般とは別の発想が必要とされたとも言えましょう。公儀から派遣された人物が藩内の「亡所開発仕置」を担うという新しいかたち――二重統治の形態がそこに生れました。わたくしがこの時期の鈴木重成を〝特命代官〟と呼ぶのはそのような意味からです。重大な任務に見合う職名は用意されないままでした。

以上のことから、「肥後国天草荒廃の地開発のことをうけたまはり」という寛政譜の記述は、先行する〝肥前国島原荒廃の地開発〟に、天草地方の開発が新たな任務として付け加わったものと見るのが自然ではないでしょうか。さきほど述べた寛永十六年の島原における三つの事績というのも、公儀筋の代官であったればこそ、と考えられます。

話の糸がもつれないように前もって言っておきますが、島原における鈴木重成には、①特命代官としての三年余（寛永15―18）と、②天草代官のまま島原代官を兼務した五年余（正保3―慶安4）の二つの期間がありました。後者については別途第七章（149頁）で改めて紹介します。

『島原半島史』（昭和29）の林銑吉さんが、島原半島には「公領としての代官政治はなかった」との観点から鈴木重成が島原に幕府代官として赴任したはずはないと断じたことは有名ですが、しかしその後林説は誤りであることが明白になっています（『長崎県史　藩政編』第三章、桑波田興筆、昭和48）。

当時のこの地の状況は「公領としての代官政治」という観点からではなく、〈二重統治体制〉という概念を導入することで明瞭に見えてくる、――そうわたくしは考えています。

天草の農地は一揆前の約四分の一、島原にいたっては約半分が亡所と化していました。そこで「亡所開発仕置」の特命を受けた重成が現地に入り、新来の領主の手の回らない、戦後処理から戦後復興への道筋をつける特殊任務に就いたと見られます。つまりそれは〝国の仕事〟であり、藩政一般とは分掌されたと考えられるのです。

周知のとおり、天草島原一揆は一、二の藩内の揉め事ではありませんでした。それが残した爪痕は余りに大きく深刻であり、その後続くポルトガル人への退去命令、平戸オランダ商館の長崎への移転命令など国際的な緊張との連関の中で、現地の復興はやはり〝政府の責任において〟実施すべきものと考えられたのです。それが二重統治体制のもとになった発想と言っていい。

そんな両地方の「荒廃の地開発」の特命を帯びた重成は、渦潮の早崎海峡を舟で往き来し、両地の復旧復興の手助けに向かいました。

島原における初期の事績

ここでは話題を三つほど取り上げ、あとの章へのつなぎにしたいと思います。

❶戦後仕置きの一環として、一揆鎮圧後の四月五日に小倉で発せられた十ヶ条の「定」があります。そのはじめの二ヶ条を読み下してみましょう。

一、寺社方並びに町人百姓以下、前々の如く居住の事

一、天草領の内、亡所の田地は望み次第、当作は田畑共に作取りに申し付け、其の名田は末代まで作人たるべきの間、望みの百姓は有付き申すべく候事

（「島原合戦首帳」）

戦（いくさ）のあとであれ、自然災害のあとであれ、その地の復興は人々が戻ってそこに住むことから始まりますね。安心して住めるようでなければ何も始まらない。次に、復興の妨げになっているものがあるとすればそれが何であるかを見極め、除去していかなければならない。

その観点からすると、一揆騒乱を鎮圧したあと、島原と天草のこれからを見つめたこの「定」は、現地の実態をよく見た処方箋と言えるのではないでしょうか。

この文書は執達状の形をとっていますけれども、将軍家光の名において江戸城から発せられたとは考えにくいところがあります。というのは、この定めが出された前日、戦後処理に関する将軍家光の裁定

が到着間もない上使・太田備中守資宗から諸将に伝達されたのですが、松平信綱の子・輝綱は「嶋原天草日記」の中にこれを詳細に記録しながら、翌日付の「定」十ヶ条を一言も記していないからです。上使に代わってその息子が日々書き綴った公式記録ともいうべき日記に、将軍が発した定めを省くなど考えられないでしょう。これは松平がそこにいる戸田・井上・太田といった歴々の上使たちと（或いはメンバーをもう少し拡大して）評定し、執達状の形で発したものだろう、というのがわたくし内々の推測です。そこに鈴木重成の存在を假に想像してみたくなるのは、むろん我田引水ではなくて、松平が島原と天草のこれから先を委ねるつもりの鈴木重成に意見を求めないほうがおかしい、と思うからであり、また農村の実情や年貢のことに通じた人物でなければここまではなかなか言えないだろうとも思うからなのです。

で、「定」は第一条、寺社の関係者をはじめ町人も百姓もその他の皆々も、従前どおり（安心して）居住するがよい、で始まっています。キリシタンからの迫害を恐れて逃亡していた者たちに対し、元通りの暮らしを保証し、帰郷を促したかたちですね。しかし問題は、村人の多くが田畑をうち棄てて原の城へ死にに行った結果、どこもここもが亡所（＝耕作者不在の土地）と化した現実です。その田畑を耕す者がいない限り、如何なる復興もあり得ません。そこで第二条、（この文書は「天草領の内」としていますが、事は島原領内も同様だったはずです）⑴領内で亡所となった田地は望み次第に耕作してよい、⑵当面は作取り（＝年貢免除）とする、⑶開いた田地は末代まで耕作することを認める、⑷希望の百姓は「有付き（＝定住）」も認める、というのです。

その結果、近隣諸藩から島原へ、天草へと〈走り百姓〉が出るようになります。年貢・夫役の重荷に耐えかね、許可無く出奔（しゅっぽん）した者のことです。亡所を多く抱え労働力不足に悩む両地方では少しでも多くの働き手が欲しいので、彼らを〝歓迎〟するところがあったでしょう。しかし逃げられた藩は、それだけ年貢上納者を失うことになるわけですから、不満が大きい。そうした他藩との軋轢（あつれき）は極力避けたいし、悶着（もんちゃく）を起こしてはならない。重成はその方面の調整などにもそれなりの時間と神経を費やさねばなりませんでした。

寛永十九年1642以降、こうした〝走り〟ではない、公儀筋から送り込まれた百姓が両地方へ大量に入って来ます。次の章の重要なテーマです。

❷次に、一揆終結から一年後の寛永十六年1639、重成が南有馬の原城近くに天草・島原の僧侶を集めて法会を催し、原城戦死者の亡魂供養を行ったことを言っておかなくてはなりません。願心寺縁起に「十六年（…）此ニ重成、天草高来ノ僧侶ヲ集メ城址八幡社内ニ於テ一七日（いちしちにち）（＝七日間）ノ追善読経アリ。（…）専譽臨貞ヲ大導師トシテ道俗壱周間、百万辺念仏興行セラル」とあり、どうみても只事ではありませんが、この件についても章を改めてお話しすることにしましょう。鈴木重成伝にあっては、きわめて重要なテーマです（↓第九章）。

❸同年、重成は口之津に太月山玉峰寺（曹洞宗）、北有馬の日野江城下に信行山願心寺（浄土宗）を建立しました。この件は天草での仏寺建立開始より三年も早い点が注目されます。そしてこの場合も、禅・浄二宗のバランスを取っていることを見落としてはならないでしょう。

この二つの寺にはともに前史がありまして、寺として開創される前、そこに小庵を結んでいた僧がキリシタンの迫害を恐れて他の土地へ逃れていた期間があったのです。二人とも、一揆騒乱が終り、公儀筋によって「寺社方並びに町人百姓以下、前々の如く居住の事」と布告されて帰って来た僧だったというわけです。そのような事情を知っていた重成によって、二つの寺は開基されたのでした。

代官鈴木重成による神祇信仰・仏教信仰への回帰事業は、〝もはやこの地はキリシタンの地に非ず〟ということの表明でもあり、各地から移民が入植するに当たって、その不安を払拭（ふっしょく）する意味も持っていた、――中村興正氏など当地の郷土史家たちは概ねそう受け止めておられるようです。

玉峰寺は、まことにすばらしい場所に在り、重成開基の寺であることをとても大事にしておられます。

玉峰寺

願心寺

願心寺には重成の供養墓が現存していて、かつて新村出博士がここを訪れています。

追記。「嶋原天草日記」を再読していて、原城を落とした翌二月二十九日の記事に、今更のように目が釘付けになりました。例によって書き下しで。

伊豆守諸将に令して云はく、「布陣すること日久し。既に勲労積もる。宜しく其の国に帰るべし。古より兵を治むるの時（＝軍隊を撤収するに当っては）、火を発して営を焼く（＝火を放って陣営を焼くのが慣わしである）。然るに此の地は敵国に非ず。且つ亡所にして人家絶ゆ。他日移来の百姓（＝将来移住してくる百姓）の為に営屋を焼くこと勿れ」と。

（…『続々群書類従』巻四）

つねづね〝そこから先〟を見据えていた信綱らしい決断だと思います。さっき見た「定」の第一・二条と、これは明らかにつながっていますよね。それでまた言いますが、そのもとで「他日移来の百姓の為」に働いたひとのことを、今私たちは見つめようとしている。

九死に一生の天然痘

特命代官鈴木重成は天草で当時流行の天然痘に感染し、九死に一生を得ています。

もともと重成は医薬のことに通じており、また一揆後の天草で医療、衛生に意を用いたことも知られていますけれども、その重成にしてどうにもならない病がありました。疫病、ことにその最たるものと恐れられたのが痘瘡（疱瘡、天然痘）でした。

それは実にひどいものだったらしい。海から入ったんですね。外国や他地域から港に入る船が痘瘡のウイルスを運んで来た。だから天草でも海辺の村々から蔓延していったわけで…。症状も凄いけれどもその感染力がまた凄まじかったらしい。かつて北野典夫さんが史実を詳しく記述しました。時代は下りますけれども、その著『大和心を人問わば―天草幕末史』によると、牛深あたりの無人島に感染者が隔離された例がいくつもあるそうで、測量に入った伊能忠敬の日記に「疱瘡捨て島」との記述が何箇所もあったり、宗門改めの絵踏みの日程が変更されたりしています。

小野友道さんの近著『肥後医事ものがたり』にも痘瘡のことが幅広く、飽きさせないタッチで取り上げられていて、とても興味深いです。わたくしには孝明天皇の場合が衝撃的で、三十八歳の若き天皇を崩御に至らしめたのが痘瘡だったとこの本で知り、禁中の奥の奥まで達していた恐るべき感染力を思い知ったのです。夏目漱石は治癒こそしたものの、顔面に残ったあばたをずっと気にしていたそうです。

小野先生のこの本に紹介されている、村井椿著『痘瘡問答』（享和三 *1803*）の一節を孫引きして、苛酷だった天草での感染者隔離の様子を窺うことにしましょう。なお痘瘡は日本には六世紀ごろ朝鮮半島から侵入し、その後明治にいたる千百年の間に流行を繰り返すこと約百回に達したということです。

大村及ビ天草郡ノ如キ、痘瘡ヲ懼（おそ）ルル〔コト〕甚シキ〔ク?〕若（も）シ痘瘡内地ニ入レバ父母兄弟妻子ノ差別ナクミナコレヲ山野ニステテ決シテ之ヲ顧ミズ。惟（ただ）ソノ死生ノママニシテ治療ヲ加フルコトナシ。縦令平癒スルモノアリト雖モ百日ヲ過ギ一時ヲ踰エザレバ其ノ家ニ帰ルコトナシ。嗚呼、其ノ父母妻子〔ヲ〕山野ニ暴露シ苦楚ノ至ルニ堪ヘズ。

そんな疱瘡の恐怖が鈴木代官にも及んでいたことを示す伝承があります。

海筋の天草町大江は、天領期には大江組の大庄屋が住した村ですが、その鎮守・大江八幡宮の社家たる木下家は鈴木重成の二度の来訪を伝えています。最初の訪問は島原と天草の特命代官として村々の民情を視察していた時のことで、寛永十七年二月に大江村に入りますが、すでに当時大流行の疱瘡に感染しており、八幡宮宮司左記大夫は八幡神に病気平癒を祈願するとともに、家に病床を用意して世話しました。祈願は毎暁水垢離を取って二十一日間続いたと伝えています。

二度目の来訪は七年後の正保四年十一月で、このとき重成は病気平癒のお礼参りをして神社に神像を奉納し、土地を寄進しました。木下家にも土地の下賜があり、看病役をつとめた娘の家にも褒美が下されたそうです。奉納された神像の背にこれらの年月、「三良九郎」の名、宮司の名、大庄屋・赤崎伝左衛門の名が記されている由です。

一命を取りとめたのは何よりでしたが、重成の顔面にはいくらかあばたが残ったことでしょう。なんともはや、重成の天草代官就任は、はじめから命がけだったことを思い知らされます。それにしても、ワクチンはおろかウイルスの概念さえ無い中で疱瘡禍を克服したこと、その奇跡的な生還が無ければ、翌年の代官就任も、そしてもちろん以後十二年余にわたる島民撫育の仁政もあり得なかったことを思い、わたくしは言葉を失います。これが歴史というものかと。

それは決して論功行賞などではなかった

鈴木神社にある〈鈴木明神伝〉の碑文を読んでみようと思います。この碑は文化八年 *1811* の建立で、越後の学者・魚沼国器が本文を書いています。

魚沼は江戸後期の碩学 松崎慊堂——弟子に渡辺崋山や安井息軒がいる——がその著『慊堂日暦』の中で、越後にその人ありと称揚した賢者です。いかなる経緯からか、天草に滞在すること二年、魚沼は土地の「耆老」——天中和尚とか上田宜珍とか、当時の天草のインテリたち——が口々に「鈴木三君」の功を称えてやまないのに動かされてこれを書いたと言っています。

鈴木明神伝の碑

重成が天草代官を仰せつかるくだり（漢文）を訳しておきましょう。

天草は寺沢領となって以来、歳収四万余石と定められていた。一揆が鎮圧されると寺沢侯は失政の罪を問われ、天草領を没収された。家光公は天草の民百姓が生死を軽んじ、今後なお繰返し謀反を企てることを懸念して、この地の代官とするに足る有能な人材を旗本の中に求められた。重成はこのとき将軍側仕えの身であり、意見を申し述べることになった。

《そもそも将軍にお仕えする身で、かりそめにも困難から目を逸らし、人の思惑を気にし、その場しのぎの格好だけつけて将来に付けを回すようでは、忠臣とは申せません。民百姓を使役するばかりで慈しまず、慈しんでも実際の暮らしを豊かにしてやらないのは良策でありません。

さて天草は一孤島にすぎません。長短を勘案すれば周囲百里を超えることなく、しかも十中八九は山ですから（耕地は少なく家を構えるにも土地は限られ）領民は岩穴や崖っぷちに住んで野山を駆ける猿や鹿と異なるところがありません。しかるに、税は他所並みに掛けられています。あの者たちが一揆に及んだのは、単にキリシタンの教えを信じたためばかりではありません。そこには実に已むを得ぬ事情があったと考えられます。さらに、昔から「軍隊が駐屯した後は荒れて畑にも茨が生え、大きな戦の後は必ず凶作になる」とか申します。もし領民がお上を敬い、かの地に落ち着いて暮らしてゆくようにとお望みでしたら、ご公儀のお情けをゆきわたらせ、暮らしが豊かになるようにもってゆき、時間をかけて方向づけをしてやらねばなりません。しかし天草は江戸から数千里も離れておりますので、上司に逐一伺いを立て、裁可を待って実行することは困難でございます。なにとぞ一切臨機応変に、逐一伺いの儀は無用に願わしゅう存じます。このこと、お聞き届け下さいますならば、不肖重成、かの地へ赴きましょう》

家光公はその言を諾(うべな)い、ただちに重成を天草代官に任じて派遣なされた。

渦潮の早崎海峡を舟で往来し、島原、天草それぞれの土地と村、人々の暮らしの実態をつぶさに見てきた結果が、右に見た「そもそも将軍に…」以下の意見開陳となったと思われます。

これをものした魚沼はここで政道に携わる者の身の処し方を論じ、重成の置かれた立場と天草の現実とに寄り添いながら、思いの丈を込めている感があります。これは厳密な意味での歴史史料とは言い難いけれども、〝知者はそれをこう見た〟の好例に挙げていいのではないでしょうか。

寛永十八年 *1641* 九月、幕府は天草を幕府領（天領）として直接支配に乗り出し、重成を代官職につけたことは右に見たとおりです。領主・山崎家治は四国讃岐の丸亀へ転封(てんぽう)になりました。

天領天草の初代代官を命ぜられたことで、重成は天草の復興を一身に負うことになりました。この人事に松平信綱の意向が関係しているのは確かでしょう。しかしそれを推輓(すいばん)だとか論功行賞だとかいうのは全くの的外れだと思います。軍功を賞して天草代官に、というのはおかしいでしょう。すでに重成は七百石取りの旗本であり、現役の五畿内代官として大坂の役宅に住む身です。安定した身の上です。しかも齢五十五にもなって、最果てというに近い僻陬(へきすう)の地、加えてキリシタン一揆後の難問が山積する土地の代官など真っ平、というのがむしろ大方の偽りない気持ちでしょう。

例えば、よく語られるこんな〝歴史秘話〟があります。

天草の領主であり、キリシタンの保護者であった小西行長は、慶長五年1600の関が原の合戦によって滅ぼされた。肥後における行長の領地は没収され、改めて加藤清正に与えられた。よって天草も清正の領地となった。／〔法華宗信者でキリシタン嫌いの〕清正は、キリシタン信者の多い天草を支配することを嫌った。さっそく徳川家康に願い出て、天草全島と豊後の三郡（大分県に属する鶴崎・野津原・久住の地）とを取り替えてもらった。慶長六年二月のことである。／もっとも清正としては、交通の不便な天草を捨てて、中央との交通に便利な東九州の地（瀬戸内海に面している）を手に入れようと考えたのであろう。ともかく、このようにして、清正は天草を捨てた。

（『天草の歴史』本渡市教育委員会、昭和37。表記を一部変更した）

このような因縁があって、英雄・加藤清正も天草では概ね不人気なんですね。しかし清正に限らず、交通不便で厄介な問題が山積する天草島など御免蒙りたいという、そういう立場の人の心情は、くやしいけれどよく解る。しかし、困難から目を逸らさない、――そこにこそ鈴木重成の真面目(しんめんもく)がありました。

こうして重成は天草再建のプランを練る段階から果敢な実行の段階に入りました。たぶん、大坂のほうは留守にしたままであることを大いに気にしながら。

・第七章・
天草代官（一）

務メハ民ヲ利スルニ在リ。（魚沼国器）

どんなに歴史にイフはないといっても、われわれ多くの者にとって
「モシ鈴木重成ナカリセバ…」
の思いは痛切で、已むときがありません。

第七章、天草代官（一）では、天草〈亡所開発仕置〉の様子を探ってゆきます。そこでは移民誘致と年貢減免とが二本の柱となります。のちに「村民を撫育して仁政甚だ大なり」と言われたその根幹の部分です。

緊迫する国際情勢にも、島原藩・熊本藩との関係にも、すこぶる注目すべきものがありました。

オランダワイン

寛永十九年*1642*という年に「天草の領主」といえば、幕府代官・鈴木重成以外に誰も考えられないと思うのですが、これは『長崎オランダ商館の日記』の一節です。

一六四二年四月（寛永十九年三月・四月）

二十日　正午頃、天草の領主が奉行〔馬場〕三郎左衛門殿の家臣二人と共に来館、葡萄酒、菓子、日本料理で饗したが、二時間後満足して帰った。

（村上直次郎訳、第一輯）

鈴木重成がオランダ人と会し、ワインを飲んだ、――思えば、まあ十分あり得ることではあるけれども、正直これは驚きです。

右の日付は、当時の日本の暦では三月二十一日に当たるようです。重成が正式に天草代官に任命され、着任して約五ヶ月後のことです。それで、わたくしは何だかほっと救われるような気もするのです。というのは、島原であの惨劇を目の当たりにし、相当の覚悟と再建プランを携えて着任したものの、島の現実はなお厳しいものでした。さきほど見た魚沼国器は、「重成の着任当初、田畑は荒れ、住民は離散、キリシタンの遺風はいっこうに改まっていなかった（重成始至田荒民散故俗未改）」と書いています。そのころの重成は、どこまでも青く美しい海原を見やりながら、悄然たる気分に陥ることも一再ではなかったでしょう。天草代官は長崎奉行の管轄下にあるので、長崎へ出向いて情報交換や打ち合わせを行うとは珍しくなかったのですが、今回奉行は家臣二人を付けて重成を出島のオランダ商館視察に向かわせました。そこで葡萄酒、菓子、日本料理のもてなしを受けた重成は、微醺（びくん）のうちに、そのころ晴れることの少なかった気分が珍しく軽くなるのを覚えていたかもしれない、…などと思うものですから。

同書からもうひとつ、一六四二年八月（寛永十九年七月・八月）の記事を紹介しましょう。

二十二日　夕刻、薩摩船が一隻、（…）捕われたパーデレ（六人）を乗せて入港した。彼らは皆日本の服装をして居り、改宗パーデレ・ジョアンが奉行の命を受けて棄教転向を勧めたところ、激しい言葉で拒否された。（…）取調べに対しては少しも憚るところなく、キリスト教を伝えるために禁を犯して日本に渡来したのに、早くも発見されたが、如何なる刑罰も忍ぶ覚悟であると述べたので、奉行以下取調べに当たった人は皆驚いた。

このように、酸鼻をきわめたあの一揆が終結し、キリシタン禁制が厳しさを増す中にあってなお、わが国の「沿岸防備体制（…）の網をくぐり、日本に潜入しようとするキリシタンは後を断たなかった」

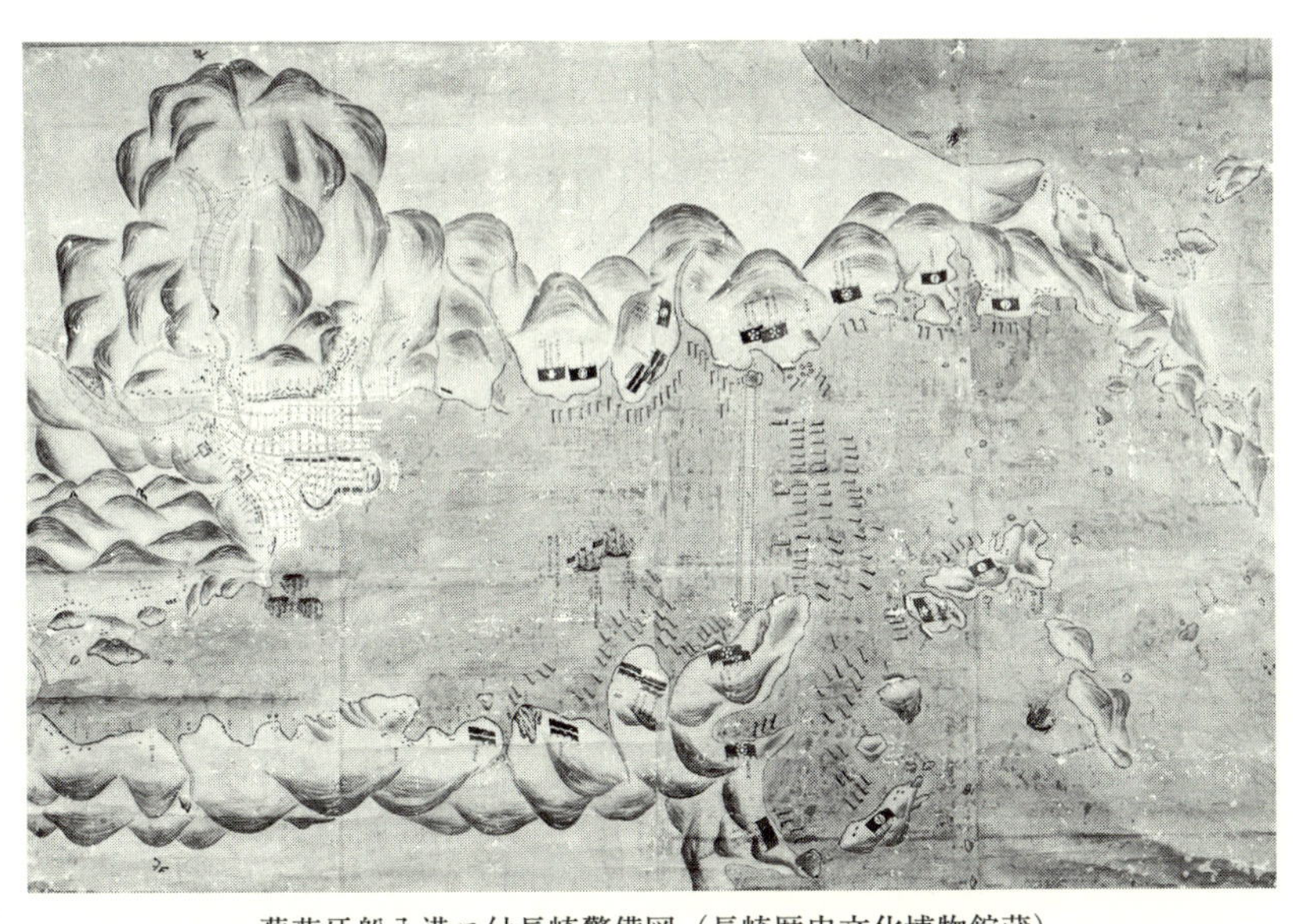

葡萄牙船入港ニ付長崎警備図（長崎歴史文化博物館蔵）

といわれます（山本博文『寛永時代』）。この一件、重成が「満足して帰った」三ヵ月後のことであり、報に接して〝まだまだ事は終わっていないのだ！〟との感を深くしたことでしょう。

さらに正保四年1647六月、長崎に「黒船」が現れ、大騒ぎになります。つとに国外退去させられたはずのポルトガルから、修好使節を乗せた巨大軍船二隻が来航したのです。ポルトガルがスペインから独立した、新国王即位の挨拶に来たという名目でしたが、実は通商再開を求めてのことだったとされます。

長崎奉行は彼らの動きを封じた上で幕府の指示を待ちました。その間、港口に大綱を引渡し、大小数百隻の船を横三列に配して警戒、下船と出航をともに食い止めていました。警備に当たった軍勢四万八三〇〇余、船八九八艘という数字からも事態への深刻な対応ぶりが見てとれます。

江戸から駆けつけた大目付・井上政重や長崎奉

行などによる交渉の結果、ポルトガル船は退去、危機は回避されましたが、同年七月の細川家や松井家の文書は藩や天草の緊迫ぶりを窺わせています。しかもその折の莫大な経費は天草の年貢米によって支給されたことも判明していますし、幕府は異国船接近など有事の際は「高力摂州・鈴木三郎九〔の〕指図」を受けるように、と諸藩に指示しました。高力は譜代大名、鈴木は幕府代官。――二人は九州諸藩の大名たちとは立ち位置が微妙に違っていたのです。

緊迫する国際情勢のもと、抜き差しならぬ現実が迫っていることをひしひしと感じながら、天草代官鈴木重成は、〝あの悲劇を繰り返すことだけは、何としても避けなければならぬ〟との思いを新たにしていたに違いありません。

代官所と天領の村々

天領となった天草の代官所と陣屋は富岡城三ノ丸跡に置かれました。東に島原半島を、南に天草下島の起伏を、西は縹渺たる東シナ海、北に長崎方面を望む景勝の地で、現在の九州大学理学部天草臨海実験所が立地するあたりです。

代官の下には元締三人（新井半弥・水原与三右衛門・倉橋五左衛門）のほか、手代・書役・侍・勝手賄い・足軽・中間（ちゅうげん）などと呼ばれる人が、それぞれ一人から数人、つまり総勢十数人が詰めたようです。重成はここを拠点に執務しつつ、村をめぐり、寺社を訪い、熊本へ長崎へ、そして大坂へ江戸へと精力的に足を運んで一揆後の天草再建の先頭に立ったのでした。

重成の行政は村々の庄屋、とりわけその庄屋たちを束ねた〈大庄屋〉によって支えられた部分が大きかったですね。代官所からの触れ、近隣庄屋の指導監督、村々の民情・民意の汲み上げに重要な役割を果たし、重きをなしました。その重要な地位にあった組と大庄屋は次の十組十人でした。――大矢野組（吉田家）・栖本組（小崎家）・砥岐組（藤田家）・本戸組（木山家）・御領組（長岡家）・井出組（長島家）・志岐組（平井家）・大江組（赤崎家、のち松浦家）一町田組（野田家）・久玉組（中原家）

さて、私たちはこれまで、重成は着任するや村々の分合整理を行い一町八十六ヶ村とした、というように言ってきましたが、これは訂正が必要のようです。

第一に上田宜珍翁の「天草年表事録」は寛永十八年の項に「大庄屋十人御定〔め〕」として組と大庄屋十名の名を勘助、市左衛門…などと列記しながら、村々のことには何も触れていないのです。

第二。それとは逆に、重成着任から五年後の正保三年の「肥後国郷牒」には天草百二十二ヶ村の名前が田畑高とともに列記してあり、しかも富岡は町でなく、まだ「富岡福路村」なんですね。

第三。上田翁は「天草風土考」万治二年の項に「郡中村数八十六ヶ村に富岡町を加〔へ〕八十七に相定〔め〕、其後（…）壱丁田村を割〔き〕下田〔を〕置〔き〕て八十八ヶ村と成〔す〕」と書きとめました。

従って、百二十二ヶ村を再編して一町八十六ヶ村（のちに八十七ヶ村）としたのは、初代重成にあらず、二代重辰の時だった、即ち万治検地に関連した仕事だったと断ぜざるを得ない。父子二代にわたる大仕事だったと言うべきかも知れません。

移民を呼び込む

富岡の代官陣屋にいて、十組百二十二ヶ村の天草再建を担う重成の治政は、だいたい十二年間です。五畿内代官を兼ねながら、あの大乱の後の島を統治し、復興への歩みを進めてゆくことは困難をきわめたと思います。まったく並大抵の事ではない。

田ならし（柴田英明『わが天草』より）

重成が抱えていた大きな課題は、つまるところ二つだったでしょう。一つは〝領民の暮らしをどう向上させるか〟であり、もう一つは〝宗教間対立が生んだ悲劇をどう克服するか〟でした。というわけでこれから先、その二本の線をたどって重成の治政を見てゆくことにしましょう。まずは田畑のこと、特に移民にまつわる話題から。

さっき重成が長崎のオランダ商館を訪れたことを紹介しましたけれども、勿論そのころ重成が暢気（のんき）な日々を送っていたわけはなく、一揆後の復興プランを実行に移すべく、あの手この手で再建に乗り出していました。その大きなテーマの一つに、〈移民の導入〉がありました。一揆後働き手が激減し、田畑も荒れたままの天草と島原に、戦後復興の担い手を呼び込もうという作戦です。

ここでちょっと天草のデータを確認しておきます。一揆前の人口約二万五〇〇〇人、一揆後は約一万七六〇〇人、また田畑の約四分の一（八七三二石分）が亡所と化していました。その点、島原のほうはどうだったのか、詳しいデータの持ち合わせが無いのですけれども、島原の荒れようは天草の比ではなかったと誰もが口を揃えます。住民がほとんど一〇〇パーセント一揆に加わった有馬・口之津・加津佐など七ヶ村は全滅、小浜村は八五パーセント、三会（みえ）村や千々石（ちぢわ）村でも半数が参加して死んだといいますから、うち棄てられた田畑の程も察せられます。

そんな天草・島原両方の実態を把握していた重成が諸藩からの移民を要請すると幕閣もこれに応え、各地の天領と西国諸藩に対し領内百姓の移住を命じました。事実上強制です、一万石につき一戸を割り当てましてね。こんな文書があります。

一筆啓せしめ候ふ。天草島原領、先年亡所と成り今に百姓之無く不作の儀に候ふ。然れば領内百姓の内、親子兄弟五、三人も之有りて其の所の田地明けざる郷村よりは一人宛も遣はすべきの旨仰せ出だされ候ふ間、其の意を得られ、御奉公の儀に候ふ間差し越され尤に候ふ。恐々謹言

（「綿考輯録」）

細川肥後守（光尚）に出されたこの文書の差出人は阿部重次、阿部忠秋、松平信綱の老中三人、日付は寛永十九年の七月十六日となっています。

これに対し肥後熊本藩は島原へ男女百八十四人のほか馬八疋牛一疋を、また天草へは男女百七十二人のほか馬二疋を「遣はし申し候」と十月朔日付で回答しています。熊本・鹿児島・大分・佐賀など各藩からの移民は以後五十年ほども続きます。正保年間には五百人が入植したと「天草年表事録」にはあります。上島では有明町一帯に他国からの移住者が多く、自分たちはその子孫だとおっしゃるのは、名字の分布などからも間違いないと思われます。

島原の場合はもっと具体的に、何町A地区の△△家はどこそこから、何町B地区の××家はどこそこから、というように移住元が細かく判っていて、南串山町などは小豆島からの移住者が多かったことから、先祖を共通にし、言葉を共通にする先方とさまざまな交流事業を続けているとのことです。島原そうめんのルーツも小豆島、とはっきりしていますね。方言研究の竹下昭平さんは、島原半島の言葉といっても北目と南目とでは様子が違っていて、他国からの移住者が相次いだ南目は、その分、西国各地——小豆島（讃岐）、鹿児島、熊本、大分、宮崎、佐賀、大村、平戸、五島等——の言葉が根を下ろすことになったと言っています（「口之津の歴史と風土」第二号、平成21）。

いずれにしても、すっかり体力の衰えた天草と島原は移民という輸血によって徐々に体力を回復し、復興への歩みを踏み出したと言っていいのではないでしょうか。重成供養碑に「期年を過ぎずして郡裏の豊饒(ほうじょう)は往古に勝る」とあるのは誇張だとしても、重成着任から一年と経たないこの年に早くも大量の移住者＝入植者を迎え、以後彼らが「郡裏の豊饒」を支えたことは紛れもないわけです。

　移住者には飯米、農具、種苗を給付し、三年間は年貢免除、住居は村が提供するなどの優遇措置を講じました。

　生来働き者の天草の島人にも、一揆後、虚脱感や不信感が広がったことは容易に想像されます。働く意欲を喪失し、虚(うつ)ろな目をした老人の姿が浮かぶようです。そんな彼らの目に、ある意味では新天地を開こうと渡ってきた他国からの移住者たち――「入り百姓」といった――の姿はどのように映ったでしょう。ずいぶん刺激されたに違いありません。ええ、プラスの方向に。それを思えば、移民奨励策は、激減した労働力を補塡(ほてん)するというにとどまらない意味と効果があったのではないでしょうか。

四公六民、五公五民の時代にこの年貢率

　そこへ重成の兄、鈴木正三の勤勉の哲学が入ってきます。この世における衆生(しゅじょう)救済を第一義とした正三は、おのれの職分に精一杯力を注ぐことのうちに仏道修行が実現すると説きました。現実のこの世を俗世(ぞくせ)とする仏法ではなく、具体的な職業生活のうちに仏の働きを見出すポジティブな仏法を説いて、人々の勤労意欲を後押ししたことも大きかった。

そして代官重成は村々の実情を見て大胆な年貢の減免措置を取ります。このことについては、先に話題にした魚沼国器がすでにこう道破しています。

> 是に於て〔重成は〕税斂を薄くし、繇役を減らし、刑罰を省き、〔その上で〕科條を厳にす。務めは民を利するに在り。
>
> （鈴木明神伝の碑、原漢文）

と。二百年前、「税斂を薄くし……務めは民を利するに在り」とは何と深い言葉でしょう。

記録によれば、寛永二十年から万治元年（すなわち万治検地の前年）までの十六年間、全体の年貢率は平均で田が23％、畑が18％に抑えられていました。そうした年貢逓減の実態を北野家文書その他でつぶさに確かめた熊本大（のち九州大）教授中村正夫さんは、「総じて貢租は二義的とし、いかに復興を促進したかが判然するだろう」と述べました（「天草村落の研究」）。

このことをわたくしは北野典夫さんの著作で知りましたが、すこぶる重要な指摘ですね。天領を預かる代官の任務、その第一は年貢の徴収と言ってもいいくらいです。にもかかわらず、生産力の低さに喘ぐ天草の実態に鑑み、「貢租は二義的とし」、復興を第一とした重成の決断がそこにあります。年貢といえば、順当にいって〝四公六民〟、すなわち年貢が四割、耕作者の取り分が六割とされた時代。幕府や藩の財政如何によっては五公五民の期間さえ珍しくなかった時代のことです。それを、今年は不出来、と見るや二割程度しか徴収しなかったのですからねえ。

二割に抑えたというより、二割しか取れなかったのだと見る向きもありましょう。ご存じのように免付けは検見法により、つまり年年の出来不出来に応じて行うわけですからね。低率の年は、不作で米麦の収量があまりに少なく、四割の免付けは無理だったのだというように…。しかしそんな年でも四割とか四割五分とか無理やり搾り取ったのが一揆前の寺沢時代だったわけですから、いずれにしても百姓にとって代官所のこの処置、緩やかなお目こぼしは、どんなにありがたいものであったか。

棚田の田植え風景（柴田英明『わが天草』より）

重成の行動は果たして勘定奉行など幕閣の内諾を得ての処置だったのか、どうか。それは大いに疑問であり、だとすれば捨てておけない大問題だったはずです。ただ、重成における通奏低音――〝あの悲劇を繰り返させてはならない〟――は、ここでも低く高く鳴っていたに違いありません。

年貢減免の様子は高浜村庄屋の上田家、楠浦村庄屋の宗像家、赤崎村庄屋の北野家などに伝わる文書に見ることができますが、例えば楠浦村の場合、重成時代の年貢率は――収穫が順調だった慶安元年の37%を除き――15%から25%の間で推移していることが明らかなのです。それを一言で言えば「務めは民を利するに在り」の実践であり、具体的には「四公六民、五公五民の時代にこの年貢率!」ということでしょうか。

なお万治二年、重辰による検地以後のことは別途検討したいと思います。

矛盾

鈴木重成が年貢減免に踏み切った背景に何があったかを考えながら、少し角度を変えてこれまでのことを振り返っておきましょう。

天草復興の大きな鍵の一つは、農業の生産性をどう向上させるかにありました。それが低迷しているいちばんの原因が一揆ののち急激に落ち込んだ農業人口の減少にあることは誰の目にも明らかでした。それへの手立てとして採用された国策が他の幕領・藩領から天草と島原への移民策でした。

同じ村内に元からの百姓と新来の百姓がいる。一方は四割/五割の年貢上納に苦しんできた者たち。

他方は作取り（年貢免除）の移住民。そこに何ら緊張が走らなかったとは思えませんが、揉め事があったような話はまるで伝わっていません。慣れない土地に来て、見捨てられた荒廃地にこれから鍬を入れようとする人々に対し、元からの農人は、少なくともこれを白眼視することがなかったということでしょう。それどころか、辛酸をともにする新しい仲間として迎え入れもしたのだと思います。その移住民（入り百姓）にしても、三年経てば年貢上納が課せられます。しかし重成の目には、元からの百姓に対する四割の年貢徴収ということがそもそも限度を超えていると映っていたようです。

四割（場合によっては五割）の年貢を取るためには、名目はどうであれ、実際にそれ相当の収穫がなければならぬのは当然です。それに見合う収穫を得るためには、天候のことはまあ別として、農人の意欲、農地の改善、用水の確保、栽培技術の向上などが不可欠であると思われました。

重成の目に映っていたのは、まず農地が貧弱であるという実態。天草は島としては大きいけれども全体に山がちで耕地が少ない。その耕地はおしなべて痩せているように見える。三河や畿内で知っている農地とは土質が違うようだし、島原とも違う。作物を育てるにふさわしいふっくらした土壌にもっていくには、これから長い年月をかけ、枯葉・枯草・堆肥などを大量に敷き込むなどして土壌を肥やしていかねばならぬだろう。

次に用水の問題。農村はどこでも水問題が悩ましいが、島の内はなおさらである。農業用水路の整備と保全は農村の根幹にかかわる大問題である。きれいな川水を引いてどの田圃にも無駄なく行き届くようにしなければ、まともな稔りは覚束ないし、下手をすると百姓同士の水争いの元ともなりかねない。人々は善良で勤勉だけれども、栽培技術のほうは向上の余地が大いにありそうだ。この件ではしかし、熊本や畿内の百姓の技術に学ぶ段取りは自分にも付けられよう。このように、本当の意味での農村の振興は移民誘致で事が済むはずもなく、そこには手立てを尽くさねばならぬ問題が山積している。

そうした方面の課題が代官職の範囲内であるかは疑問であるが、仮にそうだとしても、長い年月を要するもので代官の一代や二代の間に片のつく事柄ではあるまい。それよりも何よりも、目の前の百姓の喘ぎをいそぎ軽減しなければならない。焦眉の急とはこのことだ。いかなる余裕もあの者たちには無いし、自分にも無い。領民を預る身が、このままでよいはずはない。…まさにそこのところに五十五歳となっていた代官重成のいちばんの着眼があった、と思われます。よほどの豊年が続けば別であるが、今の状態では何を措いてもまずは年貢半減の他に道は無い、と。徴税官たる幕府代官が深刻な矛盾の中で下した決断でした。

島原代官を兼務する

正保三年 *1646* 四月、重成は島原の代官職を仰せ付けられました。重成自身、島津弾正などへ宛てた同月二十九日付けの書状にこう記しています。

> (…) 拙者儀島原領の内亡所の地、高力摂津守殿開発成り難きの旨仰せ上げらるるに就き、彼の地御代官仰せ付けられ、此の頃表へ罷り下り候ふ (…)
>
> (「旧記雑録追録」巻一…『鹿児島県史料』43頁、昭和46)

これで見ると、藩主の高力摂津守忠房は領内の亡所開発が難渋している旨を公儀筋へ訴えたのですね。そのころ高力は〈走り百姓〉問題にひどく手を焼いており、重成の島原代官兼務には、幕府代官の立場から島原藩と他藩との調停に当たることまでが期待されていたと考えられます。

この書状は『島原半島史』(昭和29)のころにはまだ公開されていなかったでしょう。一方、『長崎県史』(昭和48)はこれを引用しつつ鈴木重成が負った任務が亡所開発に特化されていた点を強調したものの、在任の終期は不明、と書かざるを得ませんでした。当時はまだ、ここに紹介する史料、〈島原藩南串山村庄屋・馬場家文書〉は研究者にも知られていなかったからです。目下雲仙市の〈古文書研究会〉が解読を進めているこの文書は「正保三戌六月より慶安四卯八月迄出入六年、鈴木三郎九郎様御預り。小浜村より安徳村迄」と明白に記載しており、問題の件は正保三年*1646*六月から慶安四年*1651*八月までで、一揆の影響の激甚であった南目の十一ヶ村がその区域だったことが判明しました。馬場家の古記録全体を通覧して、これは余程歴史意識の明確な、手堅い人物の手に成ったもの、との印象を強くしました。

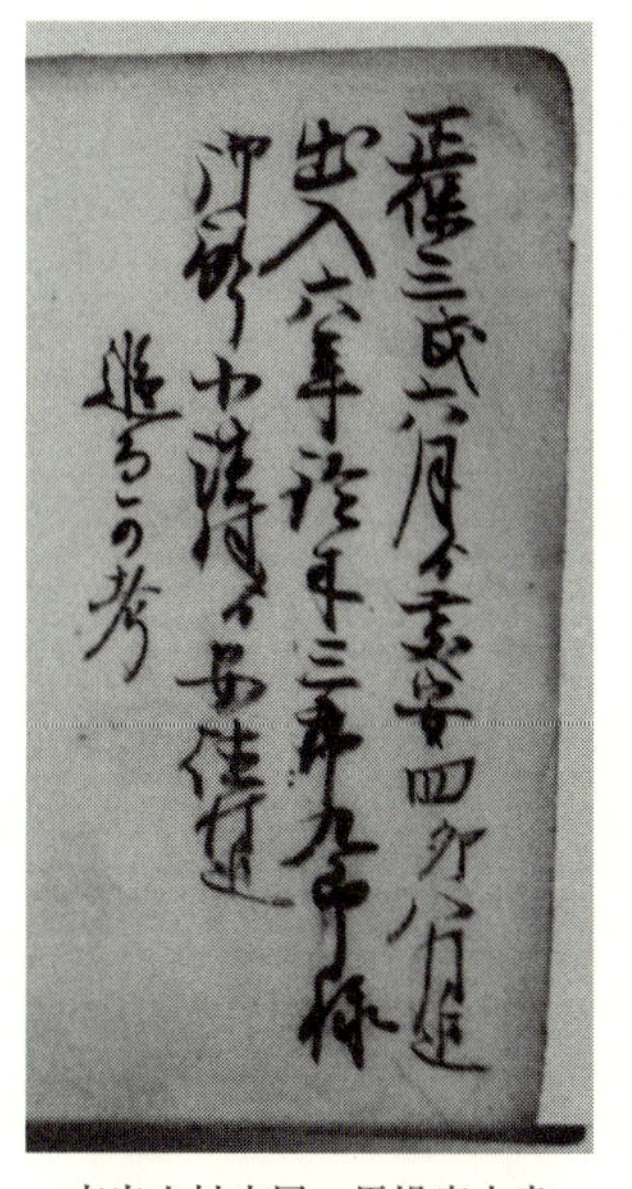

南串山村庄屋・馬場家文書
(雲仙市教育委員会蔵)

それにもう一点。ご覧のように四行目に追記がありますよね。「追而可考」と。この件は改めてよく考えて/調べてみる必要があろう、という記載者のつぶやきですね。二重統治の概念が無いところでは、高力摂津守治下の島原藩で幕府代官鈴木三郎九郎が村々を管轄したというのは甚だ解りにくい事柄であって、後代の庄屋たちにとってみれば、それこそ「追つて考ふべし」とする他無かった事情がそこに見て取れましょう。その点でもこれはすこぶる興味深い。

さて高力忠房を悩ませ、駆けつけた鈴木重成をも悩ませた亡所への〈走り百姓〉問題では、特に流出者の多かった大村藩で不満が大きく、島原藩との間で悶着が続いていました。『長崎県史』は幕府が仲介に入って折衝を繰り返し、大村への百姓の返還は最小限度にとどめる形で問題は解決したとしています（『長崎県史』）。幕府の特命を帯びた代官鈴木重成の働きと存在理由がそこにあったことは明らかでしょう。

熊本藩主・細川光尚とのよしみ

暦を、寛永十八年 *1641* まで戻しましょう。

「天草御代官として鈴木三郎九郎差し遣はされ候ふ」

老中の阿部豊後守忠秋、松平伊豆守信綱二人の連署でもって第二代熊本藩主・細川光尚（みつなお）宛にそんな書状が発せられたのはその年の九月二十三日のことです。翌月十五日、光尚は家老たちに対し、富岡城は細川家が在番を出して守るけれども、天草の仕置は鈴木代官の采配によることであり、細川家はこれに介入しない旨を明らかにしました。天領天草は、天草代官と細川家と、双方による二重の統治体制に入ったわけです。具体的には行政官たる重成とその従臣たちは富岡城へ入ることはなく（…城は軍事施設だから…）、天草に一旦有事の際は細川家が出動して事に当たるというわけです。

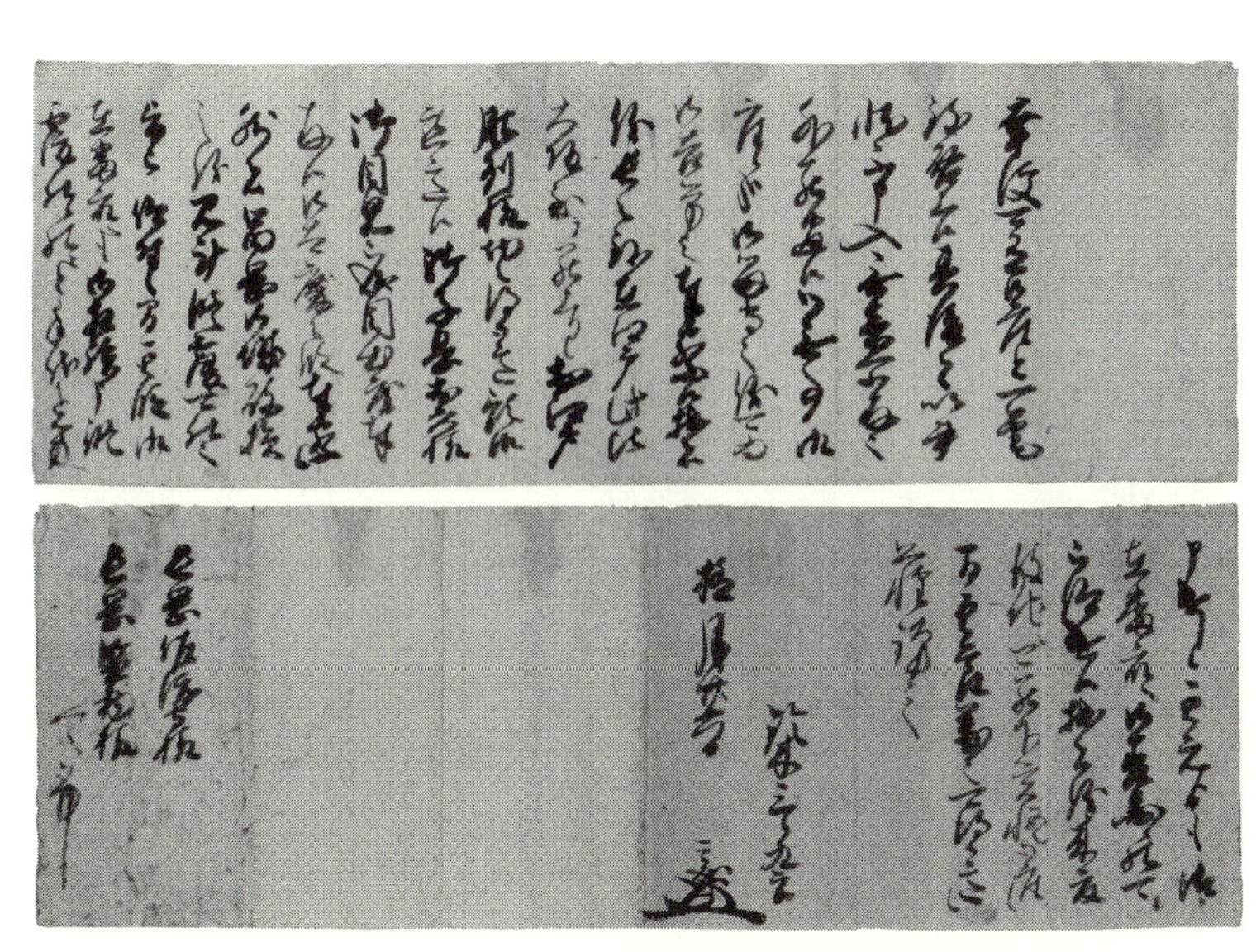

鈴木重成自筆書状。熊本藩家老宛（鈴木神社蔵）

その細川家は初代藩主・忠利の時代にかのキリシタン一揆制圧（有馬の陣）では諸藩の中でも勲功第一と言われました。その後を継いだばかりの二代・光尚のところへ届いた江戸表からの書状が、重成の天草代官就任を知らせるものだったのです。その光尚が天草へも島原へも積極的に自藩から移民を出したことは既にお話しました。

重成重辰史料集に収めた書簡などを見ていますと、細川光尚と鈴木重成との信頼関係、或いは誼（よしみ）の深さといったものがつよく感ぜられます。二人は南蛮船接近の際の対応、走り百姓問題への対応、富岡城修築問題などで幾度となく協議するのですが、いくらか私的な場面でも、例えば重成が細川家中に天草の炭や肴を届ける、光尚が重成の子息のために熊本から医師を遣わす、といったことがあっているのです。それに光尚自身、正保三年十二月には天草を訪れています。巡見の詳細は承知しませんが、富岡の代官陣屋に近い道々には、歳末にもかかわらず、多くの住民が平伏していたことでしょう。

それはともかく、重成は江戸へ上る正保元年十二月二十七日、途中熊本で細川家のもてなしを受けました。翌日家老に宛てた礼状には「肥州さま〔光尚、26歳〕」が手づからお茶を立てて「過分至極」にもてなしくだされたと御礼を述べています。そうそう、細川家といえば光尚の祖父・三斎忠興以来、利休の茶の湯を直に継ぐ名家ですものね。

またその一年前の寛永二十年十二月二十六日付、同じ熊本藩家老〔長岡佐渡守、長岡監物〕宛書状〔前頁写真〕では、自分の江戸滞在が長引いたこと、大坂へ到着したばかりであることなどを記した後、「江戸に於いては〔参勤中の〕肥州さまへ切切〔＝懇ろに〕御意を得、御懇意に預り候。御子息お六様〔綱利〕お目見成され、目出度く存じ奉り候」としたためています。そして富岡城修復の件に触れ、来夏には天草へ向かうつもりだと締めくくります。大坂から江戸へ、天草へと、まことに東奔西走の様子が垣間見えます。

このようなことをご紹介に及んだのは、他でもない、細川光尚と鈴木重成とが個人的に良好な関係を築き、誼を交して、むずかしい〝肥後国の幕府領〟天草の治政に当たっていたことを確かめておきたかったからです。二人は原城での〝戦友〟なのですが、かつて加藤清正が背を向けた難治の天草を統べる重成に、年若い細川光尚は随分あたたかい手を差し伸べ、後盾となっていたような印象があります。二人には、立場を超え、一世代ほどの年齢差を超えてひそかに心通うものがあったのではないかと想ってみたくもなるのです。

天領といっても、天草は決して熊本と隔絶していたわけではありませんでした。

・第八章・
天草代官（二）

一　神社を修理し、祭祀を専らにすべきこと。
一　寺塔を修造し、仏事等を勤行すべきこと。（御成敗式目）

天草もご他聞にもれず、古くからさまざまな信仰が併存していましたが、天台宗や真言宗の寺院も少なくなかったようです。中でも弘法大師信仰は今なお盛んで、春の彼岸のころの弘法大師祭りは民間行事として歳時記の重要な一頁となっています。

「天草は何宗の信者が多いのですか」

と訊かれて、

「はい、天草は〝みなの宗〟です」

と笑って答えた達人もいます。

あちこちの山に登れば頂に熊野神社や金比羅さまの小祠、観世音菩薩のお堂があったりして、かつて修験者の活動が盛んだった往時をしのばせています。

この章では、鈴木重成による神仏信仰への回帰を取り上げてまいりましょう。

三州足助から阿弥陀如来と二十五菩薩像を携えて

代官重成は、激しい寺社破壊を受けた天草の復興のためには神仏信仰への回帰が重要課題であると考えました。それは国家レベルで見ても、徳川日本の国是に適うもの（本書74頁）であり、一揆再発を警戒する幕府枢要が重成の施策を後押ししたことも容易に推測されましょう。それにしても目の前にあったのは、寺々が焼かれ仏像をなくした無残な村の現実でした。

さきに話題になった阿弥陀如来と二十五菩薩像（本書89～90頁）を重成は故郷足助の十王堂から運び出し、携えて天草に入りました。そして正保二年*1645*に建てた百華山円通寺（苓北町白木尾）にみずから奉安し、郡中の安寧を祈りました。隠田の悲劇から生まれた御仏たちが、今度は一揆後の天草の民百姓を導く御仏になったわけですね。本尊は阿弥陀如来、脇侍に観世音菩薩と勢至菩薩、そして二十三体の奏楽の菩薩たちです。

平成十四年に熊本県立美術館がキリシタン時代以後の天草の仏像展を催したとき、同館学芸部の有木芳隆さんは、この阿弥陀仏と二十五菩薩像の解説にこんな言葉を刻みました。

阿弥陀像はじめどの像も桧材の寄木造で、玉眼。鎌倉彫刻の端正な作風を受け継ぐところから、おそらく京都の正統的な仏師が造立したものと考えられ、江戸初期に造られたことがわかる点でも貴重な基準作である。また、鈴木重成ゆかりの仏像としても、天草地域にとって記念碑的な作例といえる。

（図録『仏教美術の新しい波―キリシタン以後の天草の仏像―』）

円通寺は重成代官の持仏堂で格別の存在感をもっていましたが、國照寺に属したとはいえ檀家の無い寺でしたから、星霜を経るままに衰退に向かい、昭和も戦後になると傷んだ堂内では阿弥陀仏と二十五菩薩像の護持も危うくなってきました。そこでこの御仏たちの来歴を知る人々の間に「どうにかしなければ」の気持ちが広がる中、國照寺のほうで新たに阿弥陀堂を建設、遷座されて現在では何の憂いも無くなったことは嬉しいことです。話を当時に戻しましょう。円通寺は小さなお寺でしたが、その後数多くのお宮とお寺が急ピッチで再建、或いは創建されてゆきます。

相次ぐ社寺の再建・創建

寛永八年 *1631* 以降、幕府は新寺の建立を原則として禁止していました。天草の社寺再興はそんな時代背景の中で行われたのですから、全くこれは驚嘆すべき事柄です。ただ、幕府に大幅な例外措置をとらせた当のものといえば、それは間違いなく、あの「天草島原きりしたん一揆」だったでしょう。

神社二社と、曹洞宗十二・浄土宗九・真言宗一、計二十ヶ寺が次々に再建或いは創建されてゆきました（158頁）。

●**寺社領を寄進し、善智識を招聘する**

ここで重要なのが〈寺社領〉の確保と寄進です。正三・重成コンビによる請願により、慶安元年*1648*幕府が認め、翌年六月に下付された寺社領は、きっかり三〇〇石でした。天草全体の石高は当時四万余石（実際は三万七〇〇〇石）といわれましたが、鈴木兄弟はそのうちの三〇〇石を年貢から除いて各寺社に配分、寄進することを幕府に認めさせたのでした。

例えばわたくしの住む天草市本町には今も〈寺領〉という名の地区がありまして、ここがもと〈本村〉の内に縄張りされた東向寺領であったことを示しています。年貢地との境にはそれを示す石柱が立っていました。東向寺領は全体で一〇七石でしたが、これは東向寺五〇石のほか、明徳寺、芳證寺、観音寺、正覚寺、遍照院など七ヶ寺分を含んでいました。同様に、志岐村と年柄村とにまたがっていた國照寺領は國照寺四五石、飛龍宮一〇石など一社三ヶ寺分、栖本打田村にあった寺社領は圓性寺三〇石、諏訪宮など一社二ヶ寺分、平床村にあった寺社領は崇圓寺三〇石など三ヶ寺分、その他二ヶ村に八石が指定されて合計三〇〇石でした。

重成が、寺社への配分をそのように定めたく存じますのでご許可くださいますように（「右之通御朱印頂戴仕度奉存候」）と幕府に届けた文書が東向寺に残されています。署名は「鈴木三郎九郎」、日付は「慶安弐年丑六月日」、宛名は「御老中」となっています。

●鈴木重成による社寺の再建・創建一覧

◉は四本寺。芳證寺は長興寺領二石を合わせ一二石。

社寺・宗派	社号／寺号		寺社領	創建・再建年代	所在地
神社	飛龍権現宮（富岡伊弉那伎神社）		一〇石	寛永一九年（一六四二）再興	天草郡苓北町富岡
	諏訪宮（湯船原諏訪神社）		七石	慶安元年（一六四八）再興	天草市栖本町湯船原
寺院【曹洞宗】	東向寺◉	瑠璃光寺末	五〇石	慶安二年（一六四九）	天草市本町新休
	遍照院	東向寺末	一〇石	正保三年（一六四六）	上天草市大矢野町上
	明徳寺	〃	一〇石	正保三年（一六四六）	天草市本渡町本戸馬場
	芳證寺	〃	一〇石	正保三年（一六四六）	天草市五和町御領
	正覚寺	〃	一〇石	正保四年（一六四七）	天草市有明町上津浦
	金性寺	〃	三石	正保四年（一六四七）	上天草市松島町教良木
	明栄寺	〃	二石	承応二年（一六五三）	天草市新和町小宮地
	國照寺◉	晧台寺末	四五石	慶安元年（一六四八）	天草郡苓北町志岐
	円通寺	國照寺末	（なし）	正保二年（一六四五）	（天草郡苓北町志岐）
	瑞林寺	〃	一五石	正保三年再興（もと臨済宗）	天草郡苓北町富岡
	観音寺	〃	一〇石	正保四年（一六四七）	天草市五和町城河原
	江月院	〃	一〇石	正保二年（一六四五）	天草市天草町大江
【浄土宗】	圓性寺◉	大涼寺末	三〇石	慶安元年（一六四八）	天草市栖本町湯船原
	寿覚院	圓性寺末	一三石	寛永一九年（一六四二）再興	天草郡苓北町富岡
	江岸寺	〃	一〇石	正保三年（一六四六）	天草市倉岳町棚底

九品寺	〃	五石	正保二年（一六四五）	天草市有明町大浦
崇圓寺◉	善導寺末	三〇石	慶安二年（一六四九）	天草市河浦町河浦
無量寺	崇圓寺末	一〇石	慶安元年（一六四八）	天草市久玉町
信福寺	〃	五石	慶安元年再興（もと天台宗）	天草市河浦町河浦
【真言宗】				
阿弥陀寺	（不明）	三石	再興	天草市佐伊津町

國照寺に伝わる「萬松山劫記簿」という文書は、この「天草郡寺社領拝領」が鈴木重成による寺社建立の起点であったとし、「九月廿五日圓通寺建立、是レ郡中最初之禅刹」にして「万民払変難祈願所」であるとしています。

寺々には各地から立派な僧侶が招かれて入山しました。そこには正三和尚の推薦、またその豊富な人脈による招聘がありました。さきにも触れました（本書96頁）が、東向寺に入った中華珪法がまさにそうでしたし、国照寺の一庭融頓、崇圓寺の伝誉通風、圓性寺の光誉純慶など、みな押しも押されもせぬ仏僧たちですね。こんな人たちをよくもまあ天草に招くことができたものだ、と驚くばかりです。

この一覧表について付言しておきたいと思いますのは、寺の再建・新建の時期が正保二年 *1645* から慶安二年 *1649* までの五年間に集中している点です。その間の慶安元年が、天草島原一揆終結からちょうど十年目にあたっていたことを思い合わせ、これは到底偶然とは思われません。別途考えてみたいと思います。

島内には二十に余る一向宗の寺がありましたが、代官はこれを保護も排除もせず、ただ「布教勝手たたるべし」として、その存在と活動の自由を認めていました。

神社の再興については、寺社領とは別の形で――社地の寄進だとか祭礼の振興だとか――行われた事実が数多く伝えられていて、表の限りでないことは確かです。

松栄山東向寺

ここからは〈東向寺〉を全二十ヶ寺の代表として取り上げ、いくらか具体的に、重成による仏教再興の様子を窺ってみましょう。

・天草島原一揆から十年目にあたる慶安元年*1649*、代官鈴木重成の特志により、新休村に〈松栄山東向寺〉の建立が始まり、翌年夏に竣功して天草郡中鎮護の霊場、徳川将軍家菩提所となった。本堂正面入口に高々と掲揚されている「護國場」の大きな額が当時の発願をよく表している。
・開山には山口の瑠璃光寺前住・中華珪法禅師を迎え、天草四本寺の筆頭としての地位と寺領高五十石とが寄進された。その宏壮な堂宇は今なお天草一の威容を誇る（口絵⑨）。
・伽藍本堂には本尊仏たる釈迦牟尼如来、脇侍には普賢菩薩・文殊菩薩のいわゆる釈迦三尊像をまつる。また本堂後方の開山堂には開祖道元禅師、開山以下歴代住職、鈴木重成・正三・重辰の位牌、それに徳川歴代将軍の位牌などが奉安され、日々手厚く供養されている。
・現在の伽藍は本堂、庫裏とも幕末期に再建されたもので、その後数次にわたり改修を重ねてきた。

・数多い伝来書画のうち本堂格天井板絵、珍牛・道一・天中の書画、中でもその六曲屏風、板戸に描いた「梅に叭叭鳥図」などは特に名宝とされる。

所在地　天草市本町新休二七ノ一

東向寺はなぜここに建てられたのか。富岡往還のしかるべき場所であるからというにとどまらず、近年はコレジヨ（天草学林）跡地説、天草島原一揆の死者を鎮魂する特別配置説などいくつかの假説が提示されているが、真相はいまだ詳らかでない。

宗派　曹洞宗

伽藍　本堂六四〇平方メートル、その他八五八平方メートル

境内地　一九六三五平方メートル。広々とした芝生の境内でひときわ目を引くものに、聖徳太子立像、天中和尚と瀬戸の陶工・加藤民吉との出会いを描くモニュメント、紅梅の古木などがある。

沿革抄

慶安二年 *1649*　代官鈴木重成の命により創建される。

寛延二年 *1749*　随意会地認可

天明八年 *1788*　常恒会地認可……寺格が格段に引き上げられたのである。十二世超州越学の熱心な申請・嘆願が実り、天草島原一揆から百五十年目の大法要を常恒会地として行なうことになった。この盛儀に相撲興業は五日間にわたった。鈴木神社の三神合祀祭もこの折のことである。

天保三年 *1832*　失火により七堂伽藍全焼（嘉永元年庫裏復旧、万延元年本堂復旧）。

安政六年 *1859*　肥後三十三観音霊場十一番札所となる。

沿革余録

尾張瀬戸の陶工・加藤民吉が文化元年*1804*に東向寺を訪れたのは、十五世天中和尚が同郷であった因縁による。民吉は磁器の染付け技法を学ぶために天草に渡り、和尚の紹介で高浜焼・上田源作（宜珍）の窯元に入所することができた。後年瀬戸に帰った民吉は高浜と長崎佐々で学んだ磁器の技法を伝えて、のちに隆盛を誇る瀬戸焼の磁祖となった。境内には天中和尚と民吉翁との出会いをしのぶ新旧二基のモニュメントがある。

末寺　明徳寺（本戸）、明栄寺（小宮地）、芳證寺（御領）、長興寺（同）、、正覚寺（上津浦）、遍照院（大矢野・上）、金性寺（教良木）、染岳観音院（本渡・山口）、迦葉寺（本町）

歴代住職

・当山には中華珪法以来屈指の名僧知識が相次ぎ入山した。殊に十三世・瑞岡珍牛、十四世・漢三道一、十五世・上藍天中の名は斯界に広く知られている。現住は三十一世・行雲守信和尚である。

・江戸時代には東向寺・國照寺・崇圓寺・圓性寺の〈天草四本寺〉は〈独礼寺〉とされ、住職は単独での将軍お目見えの特権が与えられていた。それほど四本寺の威光は絶大であり、住職は〝御前様〟と呼ばれて今に至っている。

・開山から先住まで三十代にわたる歴代住職の墓碑群は天草市の指定文化財。境内地西側の林間に、中央に開山、向かって左に二世、右に三世…の順に並んでいる。

東向寺についてのまとめは以上です。次に関連の話題をもう少し追ってみましょう。

お寺のことをもう少し

❶開山と開基　よく出る質問に「東向寺の開山は中華珪法で間違いないとしても、開基は重成代官なのか正三和尚なのか」というのがあります。〈開山〉というのは、その寺の初代住職のことですね。一方の〈開基〉については、中村元博士の『佛教語大辞典』が最も明快です。すなわち、開基とは「寺院を創建すること、ないしは創建のための経済的支援者をいう。寺院をつくった世俗の実力者。たとえば、円覚寺の場合には北条時宗をいう。開山の対。しかし開山と互用する場合もある」――というわけで、東向寺の開基は代官・鈴木重成、というのが真っ当な呼び方ですね。確かに「互用」も多くて混乱があるのは事実なんですね。仏教界では教団内部者による護法を〈内護〉、教団外部者が護法に力を尽くすことを〈外護（げご）〉といいますが、単に開基といえば〝外護開基〟を指すと考えていいのでしょう。またそれらとは別に、開基者の称号を他に譲るということもあったのではないか。重成の場合、恩真寺や國照寺の開基を正三とする文献の謎は、そうでも考えなければ解けないように思うのです。

❷仏教治国　重成の長兄鈴木正三は、仏法によって救われない者はないとする一方、その仏法は人々の心の救済にとどまるものではないし、現実の世に相渉（わた）るものでなければならない、とも考えていました。仏法を護持するとは即ち国家の平らぎ・安らぎに繋がるものでなければならない。仏教治国論とも呼ばれるそうした理念の結晶が東向寺の扁額「護国場」と言っていいでしょう。因みに四本寺の一つ崇圓寺（そうえんじ）のフルネームは、天草山護国院崇圓寺です。

江戸からすれば僻遠の島天草。その天草の寺々が当初から徳川二代（家康、秀忠）の位牌を安置して開創されたことの意味は大きく、原則として新たな寺の開創が禁じられたこの時代に、天草四本寺は〈将軍家菩提所〉として徳川国家の庇護のもとに建立、開創されたのでした。それに東向寺の東は明らかに東照大権現の東、國照寺の照は東照大権現の照でしょうからねえ。

❸芳證寺と正覚寺　重成ゆかりの寺々の中でも、重成と特別の因縁があり、重成自身が親しんだ寺があります。曹洞宗・月圭山芳證寺（ほうしょうじ）（天草市五和町御領）がそれです。堂内には重成の両親の位牌を安置するほか、山号と寺名も父母の戒名、即ち月巖證心居士と圭璧貞芳大姉からとられているところにも、その思いの並々でないことが窺われます。在任中、重成はしばしばこの両親の菩提寺を訪れ、その恩愛をしぶとともに暇（いとま）無き心身の疲れを散じていたといわれます。

浄土宗・天草山崇圓寺（てんそうざんそうえんじ）
圓性寺と並ぶ天草浄土宗寺院の双璧。城郭のような佇まいは、この寺がもと河内浦郡代役所跡に建てられたことに由来する。開山上人と重成代官との間には親密な交際があった。天草島原一揆直後には松平伊豆守、江戸後期には伊能忠敬が宿泊したことでも有名。（天草市河浦町）

鈴木重成書「芳證禅寺」の扁額
月圭山芳證寺は正保2年（1645）建立、鈴木重成開基、中華珪法開山の名刹。重成両親の菩提寺でもあり、山門にかかる寺号扁額は鈴木重成染筆であると伝えている。ここはもと中世城のあった場所で、のちに南蛮寺が、次いで鈴木代官の茶屋が置かれ、寺の建立につながった。（天草市五和町）

御領からは海をへだてて東南の方向、有明町上津浦（こうつうら）に曹洞宗・円明山正覚寺（しょうかくじ）があります。キリシタン関連の遺物が多数出土するなど、その方面でも注目度の高いお寺ですが、重成・重辰直筆の文書などの史料を多数蔵する他、寺建立時の棟札がありまして、その棟札案文写しを見ますと、開山中華珪法の由緒書きと「正保四歳丁亥三月吉祥日」の年紀に続けて「大工　大坂住　三衛門尉」の文字が見て取れます。相次ぐ天草の寺院建築に大坂の宮大工が棟梁として呼ばれていたことの一端を示すものであり、大坂代官と天草代官を兼ねる鈴木重成ならではの差配と言えましょう。また天草最大を誇る梛（なぎ）の樹も目を引きますが、これが熊野大社のご神木であることもまた開基代官との縁（えにし）をしのばせています。

よみがえる神社、活気づく村祭り

ここからは目を神社のほうに向けていきましょう。まず近年の話題から。

平成二十五年、鈴木神社の〈鈴木重成公三百六十年祭〉には、〈栖本太鼓踊り〉が奉納されました。若い男衆の躍動、軽快な撥さばき、ほとばしる掛け声と太鼓の響き…。力感溢れる勇壮な集団演技に参拝者から歓声と拍手がいつまでも止みませんでした。口絵16をご覧ください。

この太鼓踊りは栖本町の湯船原諏訪神社の例祭で演じられるものですが、同社はかつて鈴木重成が富岡の飛龍宮とともに天草の二宗社として重んじた神社です。そもそもは天草五人衆が割拠した中世、町山口（現在の本渡）諏訪神社創建から程なく栖本氏が勧請し建立したと伝えられますが、キリシタンによる攻撃によって社殿が壊滅したのを憂えた鈴木代官は、天草の東の要としての湯船原諏訪宮の再建に乗り出し、神殿を再建、神鏡を奉納、みずから棟札を書いて納めるなどしました。

ここで、北条泰時の「御成敗式目」を思い出しておきましょう。以前、重成の幼少期のことを話題にしたとき、わたくしはこの式目が江戸時代には素読や手習いの手本として広く民間にも普及していた、重成もそれに習熟していたに違いないと、そんな風なことを申しました（84頁）。その式目の冒頭、即ち有名な第一条と第二条は地頭の基本的義務をこう規定していました。

一　神社を修理し、祭祀を専らにすべきこと。（可修理神社専祭祀事。…）
一　寺塔を修造し、仏事等を勤行すべきこと。（可修造寺塔勤行仏事等事。…）

重成は長じて幕領の管轄者となりました。幼少期からそらんじた教養が、天草・島原の現実に直面して俄かに具体的な意味を持ち始めたんですね。この二ヶ条は今の自分に対して言われたも同然！と思ったのではないでしょうかねえ。キリシタン一揆によって「神社」と「寺塔」は多くが無残にも破壊されている。これは年月によるただの傷みではない。幕領の代官としてその「修理」には大いに力を尽くさなければならない、というように。

今振り返った栖本での重成の振舞いは、まさにそういうことを思わせないでしょうか。

話を戻します。栖本の諏訪神社例祭で奉納されるこの太鼓踊りは「栖本といえば太鼓踊り」と言われるほどに広く知られ、熊本県重要無形民俗文化財に指定、さまざまな催しで全国優勝の栄誉も手にしているほどです。

しかし村祭りの奉納芸能は、栖本に限らず、どこも伝承の型といいますか、様式美をもち、見応えがあります。太鼓踊りや獅子舞、神幸の奴行列そのものに見るべきものが多いです。

式目にもあった「祭祀」（お祭り）には二面があって、ひとつには厳粛に執り行われるべき静的な部分、もうひとつは賑々しく活気に満ちた動的な部分です。村祭りにはそのように、聖なるものとの接触をもとめながら、地域住民のエネルギーを引き出してこれを統合し高めてゆくという側面があり、そんな祭りの中から住民の意気が高まり、和楽の気も満ちる、という点が大事なんですね。そこで〈神人和楽〉

を求める村祭りこそが、疲弊しきった当時の天草を元気にしていったいちばんのものだったに違いありません。重成による祭礼振興の眼目は、まさにそこにあったと言うべきでしょう。

次に、天草の代表的な神社である本渡諏訪神社（口絵⑮）の場合、その発展の歴史は祭礼時に開いた〈農具市〉とともにあったことが知られています。その農具市は重成が社寺再興策の一環として特に打ち出したものでした。市には店が立ち並び、鍬や鎌といった農具はもとより、鍋釜食器衣類などの生活用具まで商ったようですから、市は農民の利便を図るとともに商業をも振興することになったのです。

やがてその〈本渡の市〉は九州三大市の一つとなって本渡を商業都市化してゆくのですが、本来心の面の事業である社寺の復興事業が、ここでは甚だ経済的リアリティを伴っていたという点で、これこそ重成による戦後復興策の特異な面であり、もっと注目されて然るべきではないかとわたくしはつねづね考えています。

江戸時代、天草の産土神社

天草の村々はどんな神々を祭ってきたのでしょう。ここでは天保四年*1833*の資料に拠って、村の産土神（氏神）を祭神別、地域別にまとめてみました。これより古い資料が無いのが残念ですが、鈴木代官時代以後の神社（氏神）の大凡はこれによって窺うことができると思っています（なお近代の編纂物に『天草島神社誌』（熊本県神社庁天草支部刊、大野俊康編、ガリ版刷り、昭和38）があり、この方面の基本資料となっています。また一般向けには、簡明でヴィジュアルな「天草神社めぐり——全156社ガイドマップ」（同支部編・刊、令和2年）があることを申し添えておきましょう）。

●祭神別／鎮座地別　氏神一覧（『天草近代年譜』所収「郡中村々氏神一覧」（天宝四年調）により作成）

	志岐組	大江組	一町田組	久玉組	井手組	御領組	本戸組	栖本組	砥岐組	大矢野組	計
大神宮		1							1	1	3
十五社	1	3	9	3	4	5	3	4	2	3	37
諏訪宮		1	1	1			2	6	2	2	15
八幡宮	1	1	1	2	1		3	1	1	1	12
天満宮		2	2			2		2		2	10
熊野宮					1		1		1		3
飛龍宮	2										2
その他	山王1			住吉1		若宮1		阿蘇1	恵美須1 大王宮1		6

「大神宮」3社は現在いずれも十五社宮に、「飛龍宮」2社と「大王宮」とは現在ともに伊弉那岐神社となっている。

●十五社宮とは何か

この表でも一目瞭然、天草で最も多い神社は〈十五社宮〉です。しかもそれは、天草以外には熊本県宇土地方の一部と鹿児島県長島や獅子島に見られる程度であって、天草地方特有の社であると言うことができます。

ということは、長島や獅子島が天草に属していた中世に起源があると見るべきでしょうね。天草では

「一揆によって氏神の無い郷村が大部分であったので、初代代官鈴木重成が各郷村に、皇大神宮・八幡・春日の三神に阿蘇十二神を加えた十五社宮を祀らしめた」と言われることが多かったけれども、祭神のことはともかく、これは時代が違っていました。重成はここでは創始者ではなく、再建者です。

それにしても〈十五社宮〉は一般には分かりにくくて、…例えば「鈴木重成は一揆後の天草で十五社宮の再建を図った」という文があるとしますと、重成は神社を十五社再建したと解する人が珍しくないんですね。ほんとは十五柱神社といってもいいし、また実際そういう名前になっているところも多い。十五社宮というのはあくまで〝十五柱の神を祭った神社〟ということです。鳥居には「十五社」と書いたものが多いです。氏神としては数えられなくても諏訪神社とか天満宮とかの境内社、あるいは飛地境内社となっているのを合算すると、ゆうに七十社を超えるでしょう。十五社の名で呼ばないところは所の名を冠して、例えば大浦神社とか佐伊津神社とか呼んでいます。

さっきの皇大神宮・八幡・春日の三神は、いわゆる三社託宣の神様ですね。阿蘇十二神との組み合わせでは一番多い。三社託宣の信仰は中世から近世を通じて全国的に広く深く浸透していたことが知られています。この組み合わせが、わたくしの集計では三十三社（氏神以外を含む）です。

これに次ぐのが、天照大神・神日本磐余彦命（かむやまといわれひこのみこと）・神八井耳命（かむやいみみのみこと）との組み合わせで二十四社（同前）。神日本磐余彦命は言わずと知れた神武天皇のこと。神八井耳命は神武天皇のお子様で第二代綏靖天皇の兄君。古事記はこの方が火の君、大分の君、阿蘇の君等の祖になったとしています。これで阿蘇神社の主神・健磐建龍命（たけいわたつのみこと）につながるわけですね。つまり皇祖系の神から阿蘇・肥後開発の神への太い糸がここにある。天草再開発の時代にこのような神々を郷村の鎮守として重んじたことには、やはり深い意味があったと考えざるを得ません。

肥後一ノ宮たる阿蘇神社、また阿蘇宮司家による肥後国内神社の統括ということも十分視野に入れるべきですが、そちらの詳細は目下わたくしは承知していないので…。

ここでは、海の民の海神信仰——ジュグササマなどと呼ばれた——が十五社宮の前身だったろうとの見解があることを紹介しておきましょう。

民俗学の牧田茂に教わったのですが、海の神のことをリュウゴンサマとかジュウゴウサマなどと呼ぶ習慣は日本各地にあるのだそうです。いずれも龍神（龍王様や龍宮様）の訛りであると。わがジュグササマもそうした例の一つなのでしょうが、だとすると、ジュグササマ信仰はわが天草圏に限ったことではないことになります。ジュグササマが天草特有なのではなくて、假にそれが基層にあったとしても、十五社宮

海辺の十五社宮（栖本町白戸）

里山の十五社宮（苓北町・都呂々神社）

を祀ることが天草（正確には天草圏）特有なのだ、ということを確認しておきたいと思います。

また民俗学は、龍神が海洋民の信仰にとどまらないことを教えています。内陸部においては水神様として、雨乞い神事の対象になってきたというのです。農村にあっては田植えの時期、穂孕みの時期のうちつづく旱天は致命的で、何としても十分な雨水がほしい。山や川に向かい、或いは村の氏神に龍神を祀り、鉦や太鼓を打ち鳴らし歌い踊るなどして降雨を祈請した、またその効験に感謝して同じように歌い踊った。こうしたことは全国各地に見られるといいます。こうして龍神は、或いは海神として海辺に祀られ、或いは降雨を司る神として農山村にも祀られる。天草の十五社宮はそうした龍神信仰を基層としながら、海浜から山間の在所在所にまで広く鎮座することになった、とそう考えていいようです。

ところで、昭和前期のことですが、熊本医科大学学長・山崎正董（まさただ）（劇作家・評論家の山崎正和はその孫になる）が天草を旅して史蹟探訪記を新聞「みくに」に連載しました。「天草の史蹟」と題する紀行文中、博士は天草の寺院が「おしなべて宏壮」であるのに対し、神社はどこも「規模が小さい」「やや貧弱」などと、率直な感想を綴りました。われわれは何となく慣れきっているけれども、天草の場合、お宮とお寺を比べると確かにそのとおりなんですね。

それでもなお見るべきは、天草の里々ではさっきの氏神一覧の何倍もの数の社、小祠（山ノ神だとか金比羅様だとか稲荷神社だとか）を築き、地域地域で神祭りを絶やさなかったことではないでしょうか。天草はキリシタンの嵐が吹き荒れた後、かくてふたたび、いや以前にも増して、神仏の島に戻っていったと言えます。もちろんそれは重成の時代以来、ということですね。

・第九章・

天草代官（三）

願ハクハ怨親平等ニ、佛ノ大慈悲ニヨッテ彼等ヲ救済セラレンコトヲ。

幕府代官鈴木重成は、原城で落命したキリシタンを供養したことでも知られます。

本章では、奇異とも見えるその振舞いを日本史全体の中で見つめてみたいと思いますが、これはたいへんにむずかしい。この事を知った友人は、これは珍事だ、と言っているくらいです。

つまり、彼によれば、

・武装蜂起して鋭く幕藩国家に楯突いたキリシタンの死者を、
・幕府代官が、仏教の思想と儀礼によって弔った、
・そんな話を神官さんがしようとしている、

というのです。

わが国では、古くから敵方の戦死者に対する弔祭・供養が折々に営まれてきた事実がありますが、それは〈人を祀る〉習俗一般との関係のみならず、わが国の精神文化史上見過ごすことのできない問題領域を多分に孕んでいるようです。

あれから一年、あれから十年…の思い

復興のための諸策に明け暮れる重成ですが、折々に原城での日々を追想し、あれから一年、あれから十年…、の思いは已むことが無かったようです。

❶原城陥落から一年たった寛永十六年、特命代官鈴木重成が、島原と天草にわずかに残っていた、或いは戻ってきた、仏僧たちに呼びかけ、南有馬で戦歿キリシタンの亡魂供養の法会を営みました。このことは以前ちょっとお話しました（124頁）が、場所は原城・天草丸址に近く、また大江の浜にも近い八幡神社――もちろん跡形も無くなっていた――の境内地です。大導師をつとめた専誉臨貞という方は、僧名から察せられるとおり浄土宗です。同年、北有馬に開創された願心寺開山、次いで天草四本寺の一つ崇円寺第二世に迎えられました。願心寺縁起には、前に紹介したとおり、「重成、天草高来ノ僧侶ヲ集メ（…）一七日ノ追善読経アリ／道俗壱周間、百万辺念仏興行セラル」とあります。高来は島原南目にあたる高来郡、一七日は七日間、ですね。

❷天草でのキリシタン供養としては、まず圓性寺に開山上人として入った光誉純慶の例があります。正

保二年*1645*、上人は重成・正三の招請を受けて福岡秋月藩・大涼寺から入山するにあたり、海を渡って富岡に上陸。代官陣屋で会見した二人（もしくは三人）がどのような言葉を交したか…、通り一遍の挨拶に終わらなかっただろうことは容易に想像がつきます。圓性寺の寺伝によれば、光誉は同地の浄土宗・寿覚院に入り、そこで一揆戦歿者慰霊の法要を営んだといいます。浄土教を奉ずる上人の敵味方供養は、怨親平等利益を信条とする重成代官の意を体してのものであったことは間違いないでしょう。この一件は『天草富岡回顧録』をはじめ郷土史のどんな本にも出て来ない分、逆に大事にしなければいけませんね。寿覚院は栖本・圓性寺の末寺になりました。

❸さてこちらは有名な話。一揆蜂起から十年となる正保四年*1647*七月二十五日、重成代官は富岡の首塚に新たに碑を建て、原城で死歿した者たちを鎮魂慰霊する法要を営みました。首塚はそれまでは土を盛っただけだったのですね。このときの大導師は曹洞宗・東向寺の中華珪法禅師でした。

重成は、以前お話したとおり大坂に臨南寺を興し、大坂の陣で戦死した豊臣家臣を慰霊した（95頁）のですが、今度は一揆を起こしたキリシタンを供養しようというのです。これは随分きわどい振舞いではないでしょうか。真っ向から禁令に背き、徒党を組んで徳川幕藩国家の屋台骨をゆるがした者たちを、事もあろうに、幕府代官が弔おうというのですからねえ。

憚りながら重成の胸中を猜すれば、——

思い起こせばあれから早十年、無残な戦であった。松倉殿、寺沢殿の悪政は大坂にも聞こえていたが、一方キリシタン・バテレンは日本の神と仏を悪魔と呼ばわり、寺社を破壊し無辜の者を殺傷、あまつさえ国法に背いて大がかりな一揆騒乱に及んだ。その罪の重さは言うに及ばぬ。しかし原の城であの者たちの今際の際を目の当たりにして、人間の悲しみ、人の世のどうしようもない昏迷を思ってわたしは立ち竦んだ。胸の疼きをどうすることもできなかった。以来、〝あの悲劇を繰り返させない〟がわたしの誓願となった。……翻って思うに、死者をいたみ、その冥福を祈ることは生あるもののつとめであると、われわれ日本人は昔からそう受け止めてきた。死すれば生前の幸不幸、恩讐、帰属からさえも解き放たれると感じてきたし、蒙古襲来の時も、戦国動乱の世にあっても、人々は怨親平等の旗のもと、戦死者のために祈ることをやめなかった。いやいや、「人々は…」どころではない。わが先祖、わが血脈につながる楠木正成殿は後醍醐天皇を奉じて勇戦されたが、千早城の戦いののち、一連の戦いで亡くなった敵のために〈寄手塚〉を、味方のために〈見方塚〉を作って双方の亡魂を供養なされたと聞き及んでおる。戦で死んだ者を弔うは、古来、領地領民をあずかる者のつとめ。畢竟、十年前の騒乱は非と断ずべく、しかもその死は憐れむべし。

かくて仏法に帰依する重成の慈悲心が建碑法要を発意させたのでした。昔から戦で死んだ者を弔うのは為政者のつとめのようにも思われたとはいえ、この場合、死者がキリシタン宗門であったことで事はひどく面倒だったわけです。そこを重成は突破しました。

❹一揆終結から十年目の慶安元年1648、場所は九年前と同じ南有馬の八幡宮境内。ここでも中華珪法が碑文を撰し、大導師となって天草同様の法会が催されました。碑前には天草・高来の仏僧多数が居並び、場を荘厳し金剛般若経を唱えるなどして戦歿キリシタンの冥福を祈りました。折から半島は梅雨に

入っており、ここかしこに自生する合歓の木があえかに淡紅色の花を見せていたことでしょう。❺慶安元年を軸にして寺院建立が相次いだことは前に触れましたが、真新しく建ち上がったばかりの寺々で、一揆終結から十年目の亡魂供養を行ったのです。さらにのちのことまで言えば、天明八年 *1788* には常恒会地となった東向寺で一揆から百五十年目の大法要が行われるなど、原城戦歿者の供養は時節の折々に絶えることはありませんでした。

〝楕円形〟の敵味方供養

そうしたふるまい――懇ろなキリシタン供養に至る思想的な背景あるいは基盤といったものは、いったいどこにあるのか、すこし立ち止まって周辺を見回してみましょう。

日本人の敵味方供養の根っこは、言ってみれば楕円形のようなもので、二つの焦点を持っていると考えられます。焦点の一つは敵の死霊の祟りを怖れる心理、もう一つは敵も味方も隔てない人道主義です。敵味方供養というのはその両方で成り立っているとわたくしは思っています。第一の、怨霊を怖れる心理を深層、第二の、一視同仁の観念を表層と捉えることも可能でしょう。ただ第一の点は後で考えることにして、当面、第二の点を先に取り上げていこうと思います。

日本人の人道主義・博愛主義を過去に遡って日本史の上に跡付けようとする動きが明治時代に起こったのは、ジュネーブ条約への加盟、日本赤十字社の設立などを背景にしてのことでした。日本人の博愛・救恤の精神は西洋の赤十字の思想に先んじている、という見解です。藤田大誠さん（神道史）の精細な研究史吟味に寄りかかって言えば、明治〜昭和期のその見解と主張にはおよそ三流があったようです。

・日本人の博愛思想（「忠愛仁慈」）は「天性の秉彝（へいい）倫理の正道より来（きた）れる」もので、仏教・儒教伝来以前からおのずからに育んできた国民道徳であるというもの（湯本文彦など）。

・日本人の博愛思想の根源は仏教、儒教、そして（それらの影響下に生まれた）武士道にあるとするもの（西村天囚など）。

・日本人の博愛思想は国民の素質、仏教、儒教、武士道などに由来し、特に仏教的な〈怨親平等〉観が中核をなしているとするもの（辻善之助など）。

さてそこで、鈴木重成の敵味方供養を支えた考え方なり心情なりを考えてゆくと、まあ当然〈武士道〉は特に大事だけれども、やはり〈怨親平等〉観を抜きにしては語れないという気がします。以下そのことに、まず時間を割きたいと思います。

仏教界では熟しているこの言葉も、一般には馴染みが薄いのではないでしょうか。二つの仏教辞典に当たってみました。まず、よく噛み砕かれたこんな記述。

【怨親平等】おんしんびょうどう　敵も味方もともに平等であるという立場から、敵味方の幽魂を弔うこと。仏教は大慈悲を本とするから、我を害する怨敵も憎むべきでなく、我を愛する親しい者にも執着してはならず、平等にこれらを愛憐する心を持つべきことをいう。日本では戦闘による敵味方一切の人畜の犠牲者を供養する碑を建てるなど、敵味方一視同仁の意味で使用される。

（中村元『佛教語大辞典』）

次は、はっと目が覚めたこんな記述。

> **怨親平等**(おんしんびょうどう)　戦場などで死んだ敵味方の死者の霊を供養し、恩讐を越えて平等に極楽往生させること。中世の戦乱が多数の死者を生み、その霊が弔われないままに放置されたのを念仏によって救済した鎮魂行為で、特に時宗僧(じしゅうそう)の活躍が知られている。ちなみに、神奈川県藤沢市の時宗の総本山清浄光寺(しょうじょうこうじ)の境内には、応永二十三年（一四一六）から二十四年にかけての前関東管領上杉氏憲と鎌倉公方足利持氏の合戦の戦没者を供養した応永二十五年建立の敵御方(みかた)供養塔（怨親平等碑）が現存し、その碑文には、戦火で落命した敵味方の人畜の往生浄土を祈願し、碑の前で僧俗が十念を称名すべきことを刻んでいる。死者への慈悲に加えて、死霊の御霊(ごりょう)化を恐れ、念仏による慰霊をはかったものと解されている。さらに文永・弘安の役の蒙古軍撃退ののちに敵味方の霊を弔ったことは、民族や国の対立を超えることを意味し、島原の乱のあとで敵（切支丹(きりしたん)）味方の霊を弔ったのは、宗教の相違をも超えることをめざしていたわけである。（『岩波 仏教辞典 第二版』）

何ということでしょう。重成によるキリシタン供養は、そのように宗教の相違を超えようとする代表例として意義づけされていたのですね。

意義とか評価とかいうことになると、さきほどちょっと触れた辻善之助『日本人の博愛』を見逃すことはできません。この本——初刊は昭和七年、手元のは昭和十六年版——は日本史上の怨親平等・博愛精神の発露を具体的に四十六例紹介していて、その第一話は平将門の乱、藤原純友の乱（承平・天慶の乱）後の朱雀上皇のおふるまい。以後時代を少しずつ下ってきて、最後は、鈴木重成による天草島原一揆後のキリシタン戦歿者供養で締めくくられているのです。著者はその「島原陣歿耶蘇教徒首塚の碑」の結びに、こんな言葉を置いています。

> 重成のこの建碑の挙は、固より仏教の信仰に基づいてせられたもので、天草殉教者とは、全くその信仰を異にするものなるに拘らず、尚この行為あるは、心の底深く流るる清く温かき情愛の溢れ出たるものに非ずして何であらう。

しかしこの本のスタッフとして史料研究にあたった圭室諦成は、『日本人の博愛』で取り上げた事例には〈怨親平等〉色以上に〈怨霊封じ〉色のほうが強い、と後年の著書（『葬式仏教』）で述べています。そのように見解が分かれるところにも、さっき言った第一の焦点、第二の焦点、どちらか一方だけでは押さえ切れない、この問題の微妙な性質が見え隠れしていると言っていいでしょう。

それにしても朱雀上皇のおふるまいは示唆的で、ここでもう少し立入ってみましょうか。上皇は将門・純友の乱で命を落とした「官軍賊軍」双方の冥福を祈るため、天暦元年947三月、比叡山延暦寺の講堂において、一千人の仏僧を請じ大供養を営まれました。その折の上皇の願文は『本朝文粋』に収められていて、『日本人の博愛』もそれを史料篇に収載しているのですが、ここでは著者によって要領よく簡約された訳文を紹介しましょう。即ち、「東の方に朝命に背いた者どもといひ、南海に乱を起こした輩といひ、何れも軍を遣はして之を征伐せしめたが、今は更にその滅亡を憐れんで却つて罪の深きを悲しむ。彼らは白刃に伏して首を落とし、或いは海波に沈んで命を失ふ。天下のもの罪有るはその責めまさに一人に帰す。官軍と雖も賊軍と雖も、共にわが王民である。願はくは怨親平等に、佛の大慈悲によつて彼等を救済せられんことを」というのです。どこか古代インドのアショーカ王の事績を想起させないでしょうか。

こうした、「上御一人」の「その責めまさに一人に帰す」といった腹の座り方には粛然たらざるを得ませんが、それが地方の幕領を統括する武士の倫理ともなっていたことに、わたくしなどは身の置き所もありません。キリシタン供養の碑を建て、仏僧読経の中で瞑目合掌した重成の呟きが聞こえてくるようではありませんか。先の顰みにならって言えば、〝願はくは怨親平等に、佛の大慈悲によつて彼等を救済せられんことを〟というように。

以上で重成のキリシタン供養が仏教の、或いは仏教的な、怨親平等利益という慈悲心に由来することが、曲がりなりにも説明できたでしょうか。

次に〈御霊信仰〉との関係について。

先に保留にしておいた焦点の第一、怨霊の祟りを怖れる心理につながる問題です。この件はちょっと面倒で、それも中華珪法が撰した碑文の評価にもかかわるものなのですが…。

中華珪法碑文の読み方

中華珪法は鈴木重成の意を受け、富岡（天草）と南有馬（島原）両地方の供養碑銘を撰しました。正保四年1647と五年のことです。どちらにも一個の異形の文字*が大きく彫り込まれています。↓口絵18

富岡の碑文を見ますと、前段は蜂起したキリシタンを断罪する内容、後段は原城で死んだそのキリシタンの冥福を祈る内容になっています。しかしあれが〝供養碑〟だとはわたくしにはどうしても思えない。刻まれている文字は死者を弔うためのものとは考えにくいのです。キリシタンであることの、またその蜂起騒乱の非なることを糾弾するに急で、一味同心した者たちの苦患を「竊かに惟み」て亡魂を慰藉する――そんな仏・菩薩の眼差しが、わたくしには感じられないのです。

あれはいったい誰のために書かれた碑文なのか。

一年後の南有馬の碑を見ると、いっそうその感をつよくします。そこには古代的な〈怨霊〉世界を連想させるようなこんなくだり、「今に到るも（…）其の亡魂、或いは虫豸に化し、或いは妖恠に変じて五穀に付き、草木に依りて枝葉凋落す。民屋に入りては瘧を成して男女を悩まし、数々霊散乱して休む時無し」などの文字が続きます。疫病や飢饉、天変地異を、浮かばれない亡霊、恨みを含んだ死霊の祟りによるとする観念は奈良平安の昔からあり（長屋王、平将門、菅原道真、崇徳院…）、その鎮魂の儀礼は時に大がかりな〈御霊会〉となり、いくつかの神社の発祥にもつながりました。怨霊の慰撫鎮魂は、統治者にあっては民生安定のためにも欠くべからざるものとなりました。珪法の筆は一転、「郡職穂積氏鈴木三郎九郎重成公（…）甚だ亡霊の悪苦に沈淪するを愍み、深く村民男女の怖畏するを嘆じ」て「彼の古戦場」においてこの挙に出たと述べ、鎮魂の儀の厳粛盛大を叙した上で「伏して願はくは此の善勛に依りて諸霊頓に生死の苦海を渡河し、速やかに清浄の仏地に安著せんことを」と祈り、さらに

「因(よ)りて冀(こひねが)はくは郡民男女息災にして安穏、五穀成熟して意の如く吉利ならんことを」と念じます。そして「乃(すなは)ち（＝そこではじめて）平等利益に至る者なり」というのです。極言すれば〝これを機に一切の祟りをやめよ〟ということであり、〝さすれば平等利益(びょうどうりやく)の仏の大慈悲によって誰彼の別なく冥福を得られよう〟というわけなのですね。怨霊の祟りをいうのは南有馬の碑だけだというのも注目点なのですが。

中華珪法の二基の碑文を読んで言えることは、みずからの霊性の高さを犠牲にしているのではないかということです。というのも、碑面は高僧の霊性によってではなく、それとは裏腹の〝娑婆への配慮〟が隅々にまで及んでいる、と感じさせるからです。

珪法は生き残りのキリシタンとそのシンパをつよく意識していたのだと思います。すなわち〝お代官がキリシタン戦歿者のために慰霊の式典を挙げられるからといって、思い違いをしてはならない。キリシタンであることの、またあのように一味同心、武装蜂起したことの非は明らかであって、キリシタン信仰は今後とも許されることはないのだ〟と釘を刺しているわけですね。措辞(そじ)も行文(こうぶん)もおのずから糾弾調になる。

もう一方に意識されているのが幕府関係者でしょう。富岡の碑も有馬の碑も、㈠キリシタンが禁制であること、㈡万余の亡魂が未(いま)だ浮かばれないのを代官が憐れんだこと、の二つは共通ですが、一年遅く建った有馬の碑では、代官を建碑法要に踏み切らせた要因としてさらに、㈢その怨霊が民百姓を悩ましている現実、を挙げています。さっきも申したように、怨霊はさまざまな災厄をもたらす元凶と考えられ、為政者によるその慰撫鎮魂は民生の安定にも欠かせないとされてきた背景があり、米麦も実らないという異変を代官が座視していていいわけがない。そこで碑文は〝何も代官はキリシタンに甘いのでは

原城の供養碑（長崎県南島原市南有馬町）

ない〟と言っているに等しい。

珪法の文章は、このように娑婆の人間の立場・心情・論理を強く意識したものであり――早い話、怨親平等といった高尚な教理を語るより、死霊が浮かばれず仇をなしている、と言ったほうが俗耳にはずっと入りやすいでしょう。その分、慰霊の言葉として重成の本意に沿うものであったかどうか、甚だ疑問です。ただ、ここで一つ言っておきたいのは、珪法禅師を責めることは私たちにはできないということです。当時幕府は戦死した幕藩軍の総大将・板倉重昌の遺族がその供養碑を建立しようとするのを認めなかった、…そんなご時勢下だったことを忘れてはいけません。建碑はほとんどの場合、顕彰につながる行為ですからね。

次にこの際、怨霊（おんりょう）と御霊（ごりょう）について少々整理しておきましょう。両者は多く重なるものではありますが、さきほど名を挙げたような、政争に敗れ非業（ひごう）の死を遂げなければならなかった人の怨霊に神格を与えて祀ったのが〈御霊〉だと考えていいと思います。その怨霊が災厄を惹き起こすことを恐れるだけでなく、慰撫することで、逆に怒りの凄まじさが反転して民衆を守護する強大な霊威となることへの期待があったと考えられます。しかしそれは早良親王（崇道天皇と追贈）や菅原道真（天満宮）、平将門（神田明神）といったレベルでの観念ですから、原城で死んだ人々の供養を御霊信仰という言葉で括ることは、全然ふさわしくないでしょう。神として祀ることは無いからです。

鈴木重成が富岡と有馬でおこなったキリシタン供養は、亡魂を怨霊として恐れる人々の心情と無縁とは言いきれません。即ちさっきの「第一の焦点」です。重成本人がどうだったかは知らず、集団の意識としては怨霊の跋扈をどうにかしてほしいという気持ちが強かった。北有馬の願心寺文書がそうだし、珪法もそれに乗っかった物言いをしたのでしょう。有馬の碑文では、死んだキリシタンの諸霊に五穀の成熟を求めている。

そうした微妙な問題はいろいろあるにしても、つまるところあれはあくまでも死者の弔い――死者の黄泉路の安穏、来世における安穏を祈るものであった、ということを確認しておきたいと思います。わが国で院政期から多く見られるようになった怨親平等利益・敵味方供養の流れは紛れもなくそういうものだったからです。だいぶ前になるけれども、梅原猛が法隆寺の建立は蘇我氏に疎んぜられた聖徳太子とその遺族の怨霊封じのためだった…との假説を出して話題になりました（『隠された十字架』）。非常に刺激的でした。さらに、丸谷才一が曾我物語も忠臣蔵も御霊信仰の物語であることを縦横に論じた（『忠臣蔵とは何か』）のがとても面白かったし、キリシタン供養もその線で捉えられないかと考えるのは解らなくはありませんが、しかしそれは、亡魂を怨霊として怖れる心情が共通のものとしてある、というに止まるでしょう。先程も申したように、神として祀られることは無いはずですから。

今回のわたくしの読みは碑文のごわごわした印象、その由縁(ゆえん)を探ろうとするところから始まったので、或いは偏りがあるかも知れません。重成代官と珪法和尚。危ない橋を渡るための、二人のギリギリの決断に対してわたくしは不遜だったかも知れません。もっともあれに〝ごわごわ〟を感じるのは、ひとりわたくしだけではないようですけれど。

危ういかな武士道

日本の武士道は、これまで見てきたような、怨親平等的な倫理観をおのずから内包していたはずです。しかし中には、〝武士道を忘れたか！〟と言いたい出来事もあっていて、しかもそれが徳川家康その人の振舞いと来ては、見過ごすことが出来ません。

ここで取り上げるのは〈豊国社〉、現在の豊国神社（京都市）に対するものです。同社が豊臣秀吉を祀る神社であること、秀吉自身の遺命によって創祀されたことは広く知られていると思います。慶長四年1599の鎮座祭には勅使が参向し、豊国大明神の神号と正一位の神階が宣下されました。しかしそれから後のことは「豊臣氏の衰亡とともに荒廃…」（『神社辞典』）と解説されるのが常ですが、実は元和元年1615五月以降、家康は豊国社を激しく執拗に迫害しているのです（青山重鑒『豊国神社誌』大正14）。

大坂城で完膚なきまでに豊臣勢を滅ぼしてなお、世人の脳裡から〝豊臣の影〟を徹底的に締め出すための、家康の非情酷薄な仕打ちでした。それは神道史学者が〈怨親平等〉もしくは〈武士道〉に基づく

明治6年に別格官幣社に列せられた豊国神社（京都市）

〈博愛精神〉の欠片も無いもの、と断じたほどでした。

駿府城で、そんな御大将の指示を重成が関知していたかどうか判りませんが、もしいくらかでも耳に入っていたとすれば剛毅木訥なこの三河武士は心中ひそかにこう思ったのではないか、〝なんと義に背くお振舞い！　どう考えても、これぱかりは得心がゆかぬ〟と。…時に人は誰しも、そういうことがあるのではありませんか。例えば恩義がある人、尊敬するほどの相手であっても、内心その言動を百パーセント肯んずることはできないと感じ、思いを持て余すといったようなことが…。後年畿内の代官を命ぜられた重成が、大坂に淀君ゆかりの臨南寺を興し、そこで豊臣家臣を手厚く追善供養したと伝わる（本書96頁）背景には、これがありはしなかったか。あくまで推測の域を出ませんけれど、簡単には捨てきれない想いです。

付記(1)　豊国神社に伝わる屏風絵は秀吉七回忌の慶長九年 *1604* に繰り広げられた祭礼の模様を描き、民衆の熱狂と秀吉への根強い思慕の情を遺憾なく伝えています。家康が怖れたのもこれだったに違いありません。

(2)　徳川家康による豊国社迫害に関しては國學院大教授・藤田大誠さんに多くを教わりました（平成二十八年、第33回神社本庁神道教学研究大会）。なお、豊国社破却後も豊臣秀吉が各地で密かに祀られてきた事実を九州大教授・高野信治さんが最近の著作で明らかにしています（『武士神格化の研究』）。

やっぱり、ほうっておけない

「キリスト教は愛の教えか？」という問いがしばしば発せられます。キリスト教は愛と平和を祈る世界宗教だと思われることが多いけれども、果たして本当か？　というのです。

聖書をひもとくと、全くそうだという面と、いや全くそうではないという面とが驚くばかりに混在していて、私たちを面食らわせます。愛と平和を唱えながら二千年にわたって戦争を繰り返す人類の愚劣をどう考えたらいいのか、――そう暗澹たる思いに沈む人に、私たちはいったいどんな言葉をかけることができるでしょう。

それはそれとして、わたくしはここで、イエスの最も有名な言葉を思い出さずにはいられません。

「目には目を、歯には歯を」と言はれたるを、汝ら聞けり。されどわれは汝らに告ぐ。悪しき者に手向かふな。人もし汝の右の頰を打たば、左をも向けよ。（…）「汝の隣人を愛し、汝の仇を憎むべし」と言はれたることを、汝ら聞けり。されどわれは汝らに告ぐ。汝らの仇を愛し、汝らを責むる者のために祈れ。

（マタイ福音書五章、ルカ福音書六章）

思えば、島原と天草のキリシタンはイエスの教えに背き、武器を持って「悪しき者に手向か」ったのでした。ヴァチカンが今に至るも彼らを殉教者と見做さないのは、その意味で当然なのだと思います。

しかし実はそこからが問題で、日本人の多くは、〝それでは彼らが浮かばれない〟と感じるのではないでしょうか。そのように感じたとき、私たちは、建碑して陣歿キリシタンを弔った鈴木重成や中華珪法とそう遠くない位置に立っている、と言っていいのかも知れません。

＊ **富岡首塚の異形の文字〈鵖〉**（口絵⑱）　昔から読み方が分からず、假に文字を分解した形で「ウハキュウ」と読み慣わしていますが、実は梵語の「タン」に当てたもの。これを唱え、或いは書写して首に掛けるなどすれば如来の守護によって息災延命し、死後も堕地獄の苦しみを免れるとされました。陀羅尼、真言ということでしょうが、破地獄咒とも呼ばれます。この咒は鎌倉時代の禅僧・寒巌義尹が宋から伝えたとされます。禅師は二度入宋していますが、熊本・川尻に大慈寺を開いたことでも知られています。九州地方に鵖字の碑が多いのもそのためです。マル（一円相）は仏教の教理・四諦八正道を統べ納めると言われ、その中にタンが納まっているのですから、罪障悉皆消滅、ありがたくも偉大な功徳力のある真言です。「仏陀の教えに耳を傾けるとき、人は誰でも救われる」という主文の上にこの呪言が大きく刻印されているというわけです。中村興正さん、高濱須賀子さんに多くを教わりました。

国指定重要文化財〈富岡首塚〉碑文（著者読み下しで掲げる。現代語訳は『天草五十人衆』に収めている）

㊖若し法を聞く者有らば、一として成仏せざるは無し。

竊かに惟みるに、夫れ鬼理志丹の根源を原ぬれば、専ら外道の法を行ひて偏へに国を奪はんと欲するの志無二なり。明土に於ても亦た斯の徒を禁ずること倭朝に異ならず。昔年東照神君是を剔くこと厳重なり。然りと雖も彼の党は外は直くして曲性内に存す。仏法を貴ばず、王法を重んぜず、終に逆心を顕せしこと下に云ふが如し〔＝後述のとおりである〕。是に由りて政夷の鈞命九州の諸将に下る。斯の時彼の凶徒等残らず亡滅し了る。即ち天下の執権、其の数万の頸を聚めて三分と為し、長崎、高来、当郡の三所に之を埋却す。是より扶桑国中泰平を歌ひ、舜日に当り堯風を扇ぐ〔＝堯舜の世さながらの泰平を謳歌するようになった〕。祝祝禱禱。

堪忍の世界、南閻浮提、日域肥之後州天草郡に益田四郎なる若〔弱〕冠の者有り。鬼理志丹の宗旨を立て、外道の法を以て国中国外の男女に示して党を為す。寛永十四白丁丑中冬に当たり、其の党、仏閣神社を破却し、村落民家を焼き払ひ、肥前高来郡に推し渡つて原城に栖籠る。其の勢三万七千余人、忽ち国家を覆さんとす。是により列国の諸将、彼の戦場に馳せ向かひ、夜に討ち日に闘ひ、海陸の合戦休む時無し。終に明年暮春に至りて城郭を打ち破り、彼の凶徒を討ち捕ること数千万なり〔＝数千とも数万とも知れぬ多数であった〕。残党全からず、悉く滅亡し畢る。即ち当郡当村に於ても亦た三千三百三十三の頸を聚めて一壙に埋却す。然して星霜十余歳を歴て今に至る。時の郡職、熊野権現第一の臣、能美大臣重高より数代の嫡孫鈴木重成公、篤く三宝を敬ひ、仁義を全兼し、しかのみならず武に達し文に通ず。公、彼の塚壙を見て数千の魂霊悪趣に沈淪苦患するを愍み、碑石を塚上に建て、以て供養を伸ぶ。伏して願はくは斯の善根に憑り諸霊速やかに仏土に生ぜんことを。無上の正等覚心を証すれば、乃ち平等利益に至る者なり。野偈の一章を回打し、結末句に尓云ふ。

　仏性賢愚平等の法　何ぞ更に生死の罪業有らんや
　本来無物、空亦た空　流水は渓に潺ぎ山は岌くして嵲し
　旹正保四白丁亥七月廿五日　釈氏中華叟之を記す

・第十章・
絵踏み考

言ってしまえば、一庭融頓も中華珪法も、鈴木正三でさえ、キリシタンを故意に隠した可能性さえ想像しうる。（本多寛尚）

江戸後期の文化二年、天草でキリシタン五千二百人余の存在が発覚しました。天草島原のキリシタン一揆から既に百六十年余りが経っており、その間の厳しい探索と迫害によって根絶やしになっていたはずが、どっこい生きていたのです。

その謎について少しばかり、素人は素人なりに考えてみました。

本章では、絵踏みとキリシタンの行方について考えたいと思います。一般に絵踏みといえば、キリシタン摘発のために長崎奉行某が考案したもので、純朴な信徒を苦しめた残酷なシステムだったと言われるのが常ですが、ほんとにほんとにそうだったのだろうか、ということでテーマに選びました。実証することが甚だ困難で説得力に乏しく、やりにくい事柄なのですが。

〈天草崩れ〉は何が問題なのか

まず用意したトピックは〈天草崩れ〉です。文化二年 *1805* に天草の四つの村（﨑津、今富、大江、高浜）で起こった潜伏キリシタンの発覚事件ですね。その前年、今富村で異仏が見つかったり、仏教徒ならしないはずの牛殺しがあったりしたことから探索が始まり、最終的に前記四ヶ村で潜伏キリシタン五千二百人余の存在が発覚、隠れの実態が露わになりました。キリシタン信仰厳禁の時代だけに一時は大騒ぎになりましたが、高浜村庄屋上田宜珍たちは以前からさまざまな手立てを尽くしており、さらに島原藩――当時天草は島原藩預かりとなっていたため――の幹部と善後策を講じて上申した結果、吟味された人々は改心の誓約を行い、聖像を踏みました。

それにしても、秘かな信仰はなぜ露見したのか、ではなく、彼らはなぜそれまで見つからなかったのか、に一件の核心があるというのがここでの問題意識です。天草島原のキリシタン一揆から既に百六十年余り。厳しい探索と迫害によってキリシタンは根絶やしになっていたのではなかったのか。

この辺り一帯は、天草全島を巻き込んだと思われがちなあの一揆に加わらなかった点で、異彩を放ってきました。武装蜂起して信仰の自由を求めるなど、本来クリスチャンにあるまじき行為であり、あの一揆に参加しなかった人々は例外的に本旨を守り切った人々、即ち〝正統であるが故に外れた人々〟であった、と言えなくはありません。その意味で彼らは筋金入りでしたが、皮肉なことに、一揆に加わらなかったという理由からこの地域への監視は緩かったと見られます。秘かな信者が多数存在した条件なり理由なりの一斑はこういうところにあった。しかしそれでも宗門改めの絵踏みはひきつづき行われていたのであって、禁教下、人々はいったいどのようにしてキリシタンでありつづけることができたのか。いやそもそも彼らは本当にキリシタンであったのか。

複雑でたいへんむずかしいテーマですが、まずは或るパードレの話から始めたいと思います。

〝転び伴天連〟フェレイラ

絵踏みなどというものをいったい誰が考案したのか、キリシタン史研究者の間でも、どうもはっきりしていないようです。寛永五年 *1665* に、長崎奉行何某が考案したとも言われますが、そうではないという説もある。そうではないという説は、十九世紀フランスの日本研究家レオン・パジェスが記述した、

「〔一六四一年〕八月二十日、フェレイラ神父の棄教に関し、又彼の聖なる十字架に対してなした彼の背教に関しての報告が行はれた。この棄教者は、足に踏ませて、キリシタンを発見するために十字架を偶像の寺の敷居に置いた」という記事に基づき、考案者をポルトガル人宣教師クリストファン・フェレイラ（Ferreira, Chrisutovao）とするものです。フェレイラは徳望高き指導者であり日本準管区長を務めていましたが、長崎で捕えられ、穴吊りの拷問にあって棄教した人物です。棄教したばかりか、日本人女性を妻にし、沢野忠庵と名乗って長崎の江戸町に住み、和服をまとい大小を腰に差して長崎奉行所に出入りし、キリシタンの探索に従事しました。

パジェスのこの記述からただちにフェレイラを踏み絵の考案者と断じるのはいささか問題だとわたくしは思います。しかしここでは誰が考案したかではなく、異国の転びバテレンが踏絵を使って隠れキリシタンを摘発するという前代未聞の方法を実行していた、その事実に注目したいのです。

先の『オランダ商館の日記』にあった「改宗パーデレ・ジョアン」がここにいう転び伴天連フェレイラ（忠庵）だったかどうかはともかく、それより長与善郎の『青銅の基督』にも、遠藤周作の『沈黙』にも出てくる人物なので、皆さんとっくにお馴染みでしょう。特に遠藤のは深刻な名作で、よく知られた作品ですから立入っては申しませんが、作品では転び伴天連フェレイラが、棄教を拒みつづける司祭ロドリゴを絵踏みにいざないますね。そこに至る真摯な問いと懊悩、宗教的情熱と煩悶は容易に言い換えのきかないほど深い洞察に満ちており、作品の中でフェレイラは、本国や教会側が見たような唾棄すべき背教者でもなければ、また日本の〝異教徒〟たちが罵った目明し忠庵でもありません。

さて『沈黙』が世に出たのは昭和四十一年三月で、それより三年早く、わたくしは竹山道雄の『剣と十字架』を手にしていました。わたくしは高校時代から竹山の読者でしたから。

絵踏みという逆説

この本で著者はドイツのカトリック地方を旅して聖ヤコブ寺院を訪ねた日のことを叙し、廊下や回廊、さまざまな部屋の床に墓石が敷いてあるのに目をとめます。そして、墓の上を土足で踏んでゆくことはわれわれ日本人にはいかにも憚られることだが、ヨーロッパ人は気にしてこなかった、と書きました。読んだ当時はぼんやりしていたわたくしも、齢(とし)とともに思い当たることが出てきました。

三十代の終りのころヨーロッパに出向き、ロンドンのウェストミンスター寺院にも寄りました。驚いたのが、われわれが現に歩いている床の下には国王をはじめイギリスが誇る芸術家、科学者、政治家などの棺や墓碑が多く置かれている、というガイドの説明でした。竹山道雄の旅行記を二十年ぶりに思い出した次第です。イギリス人をはじめヨーロッパの人々は棺の上を平気で歩いている、という事実を目の当たりにしたのでした。

話変わって、福沢諭吉は、十二三歳のころ、藩主の名の書いてある反故(ほご)をそれと知らずに踏んでしまい、兄にたいそうな剣幕で叱られたと『福翁自伝』に書いています。一往謝ってその場は凌(しの)いだものの、紙切れは紙切れじゃないかという気持ちが残った、自分はその頃から合理主義者であったと回想しましたが、福沢少年の場合はむしろ例外と見るべきで、じっさい日本人の大多数はお兄さんの方に票を投じるでしょう。藩主であろうと誰であろうと、人の名の書いてある紙を平気で踏む者がいるでしょうか。

もっとも我々は紙そのものを滅多に踏まないけれども。

さて竹山道雄は、絵踏みについてこう考えます。ところどころに「自分をヘレイラの立場において」思いをめぐらせた部分もあります。少し長くなりますが。


　日本人は足で踏むことを非常な冒瀆と考える。しかしカトリック教徒にとってはじつはそれは何でもないことである。故国ポルトガルの、スペインの、またイタリアの寺院を見よ。厳粛な伽藍の床が墓石で敷きつめてあり、人々はそれを踏んでゆく。たとえ聖者や神父や騎士の像に十字架が印されてあっても、その上を歩いてゆくから、肖像や模様や文字や十字は摩滅して輪郭もよく分らなくなっているのがたくさんある。

　日本人がマリアの像やキリスト磔刑像を踏んだところで、それはただ紙や銅版を踏むだけのことである。カトリックの側からいえば、冒瀆でも何でもない。それによって信者の心情が傷くのは、もとよりいたましい。しかし、もしそうすることによって役人の目をくらませることができるなら、それは日本にキリシタンを残すひとつの方法ではないか？　気が咎める信者たちは、後でその踏んだ足を洗って、その水を飲むとか、何か日本人らしい気がすむことをすればいい。

　吟味される信者は絵を踏む。そして、ひそかに信仰を保ちつづける。――今の場合は、これがこの国にキリスト教を残す唯一の方法である。このほかに手段はない。これをするのでなければ、われらの信仰はこの国からまったく後をたってしまう。

　そのためには自分は背教徒となろう。（…）

神よ、わが罪をゆるしたまえ。わが志を憐みたまえ。そして幾百年かののちには、それを実らせたまえ……。

ヘレイラが発明した踏み絵の吟味はひろく行われ、開国にいたるまでつづいた。浦上村の人々は絵を踏み、その後ひそかに足を洗ってゆるしを乞い、かくしてかくれキリシタンは命脈を保った。かくしてのみそれが可能だった。世界にもめずらしい信仰の地下潜行がつづいた。幕末になって大浦に会堂がたてられたとき、プチ・ジャン神父はこのことを発見して驚喜した。

(竹山道雄『剣と十字架』昭和38)

竹山の粘りづよい思索は、我々にまったく新しい視界を提供することになりました。かつては聖像を踏むことを拒んで痛ましい殉教者も数多く出たのでしたが、その後の歴史は竹山説の妥当性を裏書きするかのようで、キリシタンにとって聖像を踏むことは棄教なのではなく、役人の目を逸らし、おのが信仰を守る仕掛けと化していったと思われます。その点、文化二年1805の天草崩れ、元治元年1864長崎での信徒発見と思い合わせ、禁教下のキリシタンは絵踏みによってその命脈を保つことができたと言ってもいいのではないでしょうか。(…竹山と同じ趣旨のことは岡田章雄さんも夙く「絵踏の心理」(昭和22)の中で述べています。竹山の思索は独自のものですが、その着想には案外岡田さんの指摘がヒントを与えているかも知れません。それはまあ、それとして…)

もしほんとうに右のとおりだとするなら、フェレイラやロドリゴは勝利したと言えなくもない。『沈黙』でも銅板のイエスはロドリゴに「踏むがいい」と言いました。

「踏むがいい。お前の足の痛さをこの私が一番よく知っている。踏むがいい。私はお前たちに踏まれるため、この世に生まれ、お前たちの痛さを分つため十字架を背負ったのだ」

竹山説で思い出したことがあります。唐突ですが、ノーベル賞授賞式の話です。先ごろ、どなただったか、賞を受ける場面をテレビで観ていて、おやッ！　と思ったのが今のそれでした。壇上を進み、スウェーデン国王に敬礼して受賞者が立つ、まさにその位置、受賞者の靴は絨毯に描かれたＡ・ノーベルの紋章の上にあったのです。ノーベル賞受賞者がノーベルの紋章を足で踏む、――私たちは大きな違和感なしにこれを受け止めることができませんが、しかし実際にはかの地の慣習、儀礼に従わざるを得ないのが実情であって、アタマを切り替える他に手は無いわけです。できないことではない。接触儀礼ということですね。

天草での絵踏み

それにつけても、史実としての絵踏みの実態というのが、判っていそうで必ずしもそうではない。天草での絵踏みの最初は寛永十五年*1638*、原城陥落から間もなくだとする見解があるけれども、遅いんじゃないでしょうか。その年の二月にキリシタン一揆が鎮圧され、九月にキリシタン禁令が強化された形で再発布されますが、肥後の細川忠利などはもうそれ以前、遅くとも寛永十二年*1635*までには絵踏みを行っていて、江戸からの新たな達しにも「今更ねえ…」といった顔を見せたようです。もっとも老中酒井忠勝宛書簡では細川藩における宗門改めの実際を真顔で報告しましたが、その中には「キリシタンの仏の絵を踏ませる」ことも明示されています。細川忠利は長崎奉行榊原職直とは旧知の間柄で、かの地における実践例に学ぶところが大きかったと言われています。「板踏絵による絵踏が制度として長崎で実施されるようになったのは寛永六年〔1629〕からとみるのが普通」（国史大辞典―松田毅一）なのだそうですが、天草の領主寺沢堅高は天草一揆以前に大がかりな宗門改めを実施しているわけで。

当時天草はまだ天領でなく寺沢藩領だったとはいえ、寺沢は一時期そういうことにひどく熱心でした。ただ一揆前の数年間、宗門改めに絵踏みという手法を使ったかどうかは、確たる史料の裏づけが弱いと感じています。

キリシタン一揆後ますます禁令が厳しくなる中、天領天草の代官が絵踏みを実施したことは疑いようが無い。実際の場面では代官でなく元締が実行者だったことは判っているけれども、しかしそれがどのように行われたのか、これも実態は依然としてはっきりしていません。

天草の市史や町史の類が、おしなべて、天草での絵踏みは寛永十八年1641に始まったように簡略に書いているのも、『天草近代年譜』同年十二月の条に「重成、元締等を従へ郡中廻村、宗門改めを兼〔ね〕、具（つぶさ）に民情を視察す」とあるところから導き出した判断なのでしょう。何かこれといった裏づけがあるなら別ですが、しかし代官着任からわずか一ヶ月、特に急を要する事があるでもなく、年も押し詰まってから突然の絵踏みなんて考えにくい。

踏絵じたい長崎奉行所が保管しているのだし、広い島内、村々への周知なども考えれば、代官所が倉卒（そうそつ）の間（かん）にやる事ではないでしょう。假にその時期に「民情視察」の廻村が行われたとしても、「宗門改めを兼〔ね〕」というのがあやしい。そもそもそれは、何かと兼ねて行うようなものであるか。さらに譲って、そのとき宗門改めが行われたとして、この場合ただちに絵踏みを意味したかどうか。——絵踏みは天草で、いつから、どのように行われたのか。従来の研究からはなかなか見えてきません。

ただ絵踏みは、信者にとってこれ以上の精神的拷問はないと言われながら、江戸時代もあとのほうでは年中行事の一つとして形式化していった、というのが定説ですね。絵踏みが行われる二月とか三月とかの或る日、村じゅうの者が庄屋宅にやってくるのに目を付け、店が出たりしたのだそうです。それはまるで縁日の市のようだったといいます。もう一度いいますが、それは時代が下ってからのことです。

禁教下、キリシタンの諸相と命脈

禁教下にあってなおキリシタン信仰を秘かに守ったとされる人々——その信仰実態などにより、潜伏キリシタン／隠れキリシタン／かくれキリシタンなどと呼び方や表記が区別される——にあっても、父祖の教えと儀礼は第一の大事でした。父祖が大切に祀ってきたものを絶やさない、…それが子孫の務めと考えられたのですが、祖先が祀り子孫が守ろうとしたそれは、キリシタン信仰と在来の神仏信仰との間に微妙な関係を築いてゆきました。

その微妙な関係は、おおまかに二つに分けられるようです。一つは伝来当初のキリスト教信仰は在来の神仏信仰や民俗信仰と混じり合ってすっかり様変わりし、一種の習俗と化していたというものです。キリスト教の欠片も感じられない、というほどに。

もう一つは、信仰形態として神祇信仰、仏教信仰、民俗信仰などと併存させることによって、キリシタン信仰を維持したというもので、これは中園成生氏の丹念な観察・研究によって新しく知られるようになったものです（『かくれキリシタンの起源』平成30）。長崎県生月島あたりで顕著に見られるといいます。

ごくおおまかに言えば、前者は〈習合〉、後者は〈併存〉がキーワードでしょう。問題はどちらが正しいかではなく、同じ〝隠れキリシタンの里〟でも地域によって信仰形態にはかなりの違いが生じたということではないでしょうか。

中園説は、わたくしには次の点で非常に刺激的です。即ち、一神教たるキリスト教は本質的に他宗とは並び立たないはずのものであって、彼ら禁教下のキリシタンは、信仰のレベルで、キリスト教と他宗とをどのように併存させていたのか、という点です。むろん踏絵は踏んだでしょう。神棚や仏壇にもそれなりの敬意（！）を払っていたのでしょうか。神社やお寺の行事にはどのようなかたちで〝参加〟したのでしょうか。見咎める者の目を欺くためだけの神棚、仏壇、社寺行事への参加なのであれば、それはそれまでのこと。そうではなくて、つまり諸宗を内面的に信仰のレベルで併存させていたのだとすれば、宗教間対立から融和への途を模索し、或いは「一神教とは何か」を鋭く問うこんにち、これはすこぶる重要な意味をもつ〝発見〟ではないかと思われるからです。本書75～76頁で問題にした〈複合〉との接点が生じることになるでしょう。

〈習合〉のほうでは、例えば天地創造の唯一神・デウスは、天草の或る村では「作神さま」（農耕神）であり、別の村では漁の神でした。バテレンは日本人の太陽崇拝を軽蔑しましたが、キリシタンになった民衆はデウスを日神と重ねて拝みました。ちょうど仏教徒が大日如来と一体化させていたように。

明治になって禁教令が解かれ、宣教師が再来してキリシタン復活、すなわちカトリック教徒として晴れて教会に属することが可能になってからも、復活を拒んだ人たちがいました。またいったん復活しながら教会から離脱するといったことが今富・﨑津・大江で起こっています。教会で唱える祈りの言葉は〝わが家のオラショ〟とは別物だった、先祖から伝わる大事なオラショを棄てることなどできない、と言ってしゃがみこんだ人々（「かくれ」）の信仰とは如何なるものであったか。

祖先崇拝といえば、大江だったか﨑津だったか、クリスチャンで通っている人が司祭に、「某月某日はわしげん親爺の十三回忌ですけん（＝なので）お参りくださいますように」などと言うのだと聞いたことがあります。何だかお寺のお坊さんに「お経を上げに来てください」と頼んでいるのと変わらない雰囲気ではありませんか。

民俗的な信仰という点では、私たちの身の回りには、例えば神主さんがいないならいないで、金比羅さまや山の神さまの祭りを地区のみんなでやるところがあります。また、お坊さんがいなくてもお大師さまのお祭りは地区で欠かさない、といったことなどがありまして、その昔バテレンが海外に追放された後も、この国の、いま言ったような民俗的な信仰の在り方がキリシタンの存続をひそかに支えてきたのだろう――わたくしなどはそんな風に考えたりします。

そう、さきほどは、フェレイラやロドリゴは勝利したのかも…、と言いかけていたのでした。

『沈黙』の中のフェレイラは日本人の宗教心意に絶望し、「布教が最も華やかな時でさえも日本人たちは基督教の神ではなく、彼らが屈折させたものを信じていたのだ」と言いました。そして自分たちは、すべての苗の根を腐らせる、日本という沼地に基督教という苗を植えてしまった、…フェレイラはそう言って苦い嘆きを嘆くのでした。それはそのまま作家遠藤周作自身の悲痛な叫びでもあるのでしょう。しかしどんなに歪んだ、何とも知れぬものに変じていったとしても、キリシタンの命脈は枯れ枯れに残った、それが明治のキリシタン復活に繋がった、とそう思うのです。

¶

その命脈を保たせたものの一つに鈴木重成の統治姿勢があった、とのささやきは昔からあったのですが、近ごろでは仏教史の本多寛尚さんがこう言っているのが目を引きます。

言ってしまえば、一庭融頓も中華珪法も、鈴木正三でさえ、キリシタンを故意に隠した可能性さえ想像しうる。キリシタンに敢えて隠れてもらうことで、藩政(ママ)も安定し、人命も守られるのである。

（福岡市美術館〈悟りの美〉展図録、解説）

氏はキリシタン排除の遺物と見られがちな明徳寺(みょうとくじ)山門の双聯(そうれん)*についても、「或いは表向きそういう厳格な態度を見せて幕府や藩の目をそらし、実際には、キリスト教の祈りをもって安心を得る者たちについては、密かに信仰する限りにおいて、これを黙認していたのではないかとは考えられまいか。そうでなければ、キリスト教文化が二百年以上の時を超えて伝わるなど、まず不可能。出来ない話である」と言います。文化二年*1805*の〈天草崩れ〉に至るまでには、鈴木代官による統治のはじめから、そのような寛大さと現実主義があったに違いない、というわたくし永年の観測と合致しています。本多さんの文章は推測の形で綴られていますけれども、これは観想から生まれた貴重な思惟の結果であるように感じられ、紹介に及んだ次第です。

＊　**明徳寺山門の双聯**　左右見事に対をなし、開山の中華珪法と開基の鈴木重成、ふたりの功徳を称えるものになっています。天中染筆の文字は判読に苦労しますが、実際は次のとおり。それに読み方と現代語訳とを添えておきましょう。

【右】祖門英師行清規流通仏海之正法――祖門の英師　清規を行じ、仏海の正法を流通す。

開山の名僧・中華珪法禅師は禅林の戒律を深く修め、世の人々に仏法を広めなされた。

【左】将家賢臣革敝政芟除耶蘇之邪宗――将家の賢臣　敝政を革め、耶蘇の邪宗を芟除す。

開基の名代官・鈴木重成公は旧来の悪政を一新し、禁制の耶蘇宗を除きなされた。

ここに「耶蘇の邪宗」というのは、半世紀以上にわたったキリシタンによる寺社破壊の事実と徳川日本の国是とから生れた当時の常套句でした。

明徳寺山門の双聯

向陽山明徳寺は鈴木重成の開基により正保元年（1644）建立、開山の中華珪法が天草で最初に入った禅の名刹である。山門にかかる双聯は東向寺15世上藍天中和尚の染筆であることが尚絅大教授・久多見健さんにより確認された。文化5年、山門再建時のものである。（天草市本渡町）小林健浩 撮影付記1　天草島原一揆後の天草の統治体制の変遷は次のとおり。私領時代の呼び名は「富岡藩」です。

・私領の時代a（一六三八～一六四一）　大名：山崎家治
・公領の時代a（一六四一～一六六四）　天草代官支配（鈴木重成―鈴木重辰）
・私領の時代b（一六六四～一六七一）　大名：戸田重昌
・公領の時代b（一六七一～一七一四）　天草代官支配（小川・永田・服部など八人の代官）
　　　　　　c（一七一四～一八六八）　日田代官・西国郡代・長崎代官兼務、島原藩預かり支配

絵踏みの詳細がわかるのは公領cの時代からで、その実態は次の二著によって知ることができます。

平田正範『天草かくれキリシタン　宗門心得違い始末』（平成13、サンタ・マリア館）
安高啓明『踏み絵を踏んだキリシタン』（平成30、吉川弘文館）

付記2　キリシタンへの融和策として上田宜珍などがとった準胝（じゅんでい）観音信仰については、これまで平田正範さん、松本教夫さんなどによる研究がありますが、近年は仏教界からの究明も始まっており、その進展が注目されます。

・第十一章・

鈴木正三

人間万事「身ヲ思フ念一ツヲ離ルルガ体ナリ」

すこし不躾かな？　と思いながらも訊いてみました。

「鈴木正三和尚の偉いところなり魅力なり、…皆さんがお考えになっていることをお聞かせ願えませんか？」

すると綾渡・平勝寺の住職佐藤一道さんが、言下に、

「正三和尚は『何ト修行セウトモ、其ノ肝要ハ身ヲ思フ念一ツヲ離ルルガ体ナリ』と諭されました。修業の在り方は千差万別だが、根本はわが身を思う一念を離れることよ、と教えられました」

と。まるでこちらの問いを待っていたかのような、間髪をいれない弾む言葉にわたくしは息を呑みました。これが禅機というものか、正三和尚の気魄にも似て、と。

また一年ぶりに訪ねた足助の町。旧知の方々が設けてくださった懇談の席でのことです。一夜明けて、川の向こうに見る飯盛山は新緑が目にしみるようでした。

世を捨てなかった世捨て人

鈴木重成の生涯をたどる上で、出家した兄・正三は欠くことのできない重要人物です。ところがこの方は活躍の分野が非常に多方面にわたっており、その世界に近づくには多くの道があってしかも全体を見渡すとなるとたいへん難しい。

そこでまず、正三像をざっくり、大づかみにするために、平成十二年に堀田善久さん（当時、天草文化協会長）が正三生誕の地・豊田市足助町でおこなった講演の一部を紹介しようと思います。

出家と聞けば誰しも浮世を捨てることだと思います。しかし正三の場合は、ただ武士という身分を捨てただけで、人間社会への広範な関心は終生変わりませんでした。禅は曹洞も臨済も、それに念仏宗も律宗も学び、仏教の何たるかを究めながら、正三の究極の関心事は〝民の暮らし〟であったと思われます。

四十代までの半生を武士として生きた正三は、戦場での人間の姿を見てきました。伝統や仕来りの全く通用しない、物理的な命のやりとりだけが戦場です。探究心の強い正三が極めて合理的な思考を持つようになったのが分るような気がします。

正三は仏法を説きましたが、生きようともがき苦しむ人間を見た正三は、死後の世界のみを問題にする仏の救いには疑問をもったに相違ありません。合理精神を持つ正三にとって安心立命は息を引き取るまでの問題と思われたのだと思います。生きている人間こそ救われなければならないと考えたとき、正三の独特の仏教が生まれたのではないかと思います。

武士も百姓も商人も同じ人間として救われなければならない。……同じ人間として、と考えたとき、いかなる身分、いかなる職業の者も天下の役人〔＝役目を受け持ち貢献する者〕である、という職業観が生まれたのではないでしょうか。今まで日本人が考えたこともない人間観に到達した正三は、みずからの仏法を説くことで、真の人間救済ができるとの信念を持つに至り、政治思想の根底にもこの仏法を据えなければならないと考えたようです。

正三の頭の中には、始まったばかりの幕府政治があったに違いなく、おのれの仏法によって幕府政治が日本の民衆を救うものになる事を願っていたと私は考えています。

（「鈴木正三研究集録」第四号、平成12、一部改稿）

ここで堀田さんは正三の多面性をあえて捨象し、主体的に〝わが正三像〟を刻んでいますね。そのぶん正三思想の核心がよく捉えられ、咀嚼されています。これまで馴染みの薄かった方は、正三とはおよそそういう人だったのだと受け止めてくだされればよろしいかと思います。

世を捨てなかった世捨て人、――わたくしもその特異な出家のことから話を始めようと思います。

正三は元和六年*1620*に「落髪遁世」した、と弟子・恵中の『石平道人行業記』にあり、「時に四十有二歳」とも明記されています。これが通説のもとになっているのですが、実は検討を要します。

鈴木重成の長兄である鈴木九大夫重三――別に正三とも称した――は徳川家康、秀忠二代に仕えた旗本でした。将軍に忠勤すべき壮年の旗本が自分勝手に落髪遁世するなど、本来あり得ないことで、臣下のそのような行為は主君への忠誠義務違反であり、家門断絶も免れなかったはずです。で、正三は咎められればみずから腹を切る覚悟だったと言っています。ところが周りの心配をよそに将軍秀忠は、「なに、鈴木は道心を起こしたのではない。隠居したまでよ」、そう言って寛大に許しました。出家なら家門断絶のところ、「隠居」ということでお咎めなし、…となればそれ相応に急ぎ形を整えなければならない。重三の場合、致仕（辞職）は出家がらみであり、跡目相続の件もすんなりゆくとは思われませんでした。それは家族の死活問題ですが、本人は嗣子の重辰を連れて出るつもりだったし、養子にと目をつけた三宅庄兵衛伊賢の四男・重長（十三歳）はまだ将軍のお目見えを得ていない、などの事情がありましたから。それでも元和八年、将軍就任を翌年に控えた家光に拝謁が叶った重長は、九年、鈴木家に入り、九大夫重三の家督（二百石）を相続します。一方、重三の実子重辰（十四歳）は父に従って遁世することは本意でなかったようです。そこで叔父の重成がこの前途ある少年を憐れんで引き取り、養子にしました。そのころ重成は隠居した父の跡目を継いで七百石を知行、一族の柱石となっていたのです。

得度にあたっては旧知の臨済僧・愚堂東寔に僧名を乞いましたが、愚堂はそれを大愚宗築に譲り、大愚もまた謙譲して、けっきょく通称の正三を音読して正三と名乗ることになりました。

以上、遁世にまつわる事実関係のあらましを確認しました。そこで出家の時期をめぐる話に戻りますが、実は正三の遁世を元和九年とする史料はいくつもありまして、「鈴木氏系譜」もそのひとつです。そこには一族こぞって出家を思いとどまらせようとしたが出来なかったとも記されています。『寛政譜』には「九年病にか丶りて仕へを辞し、男重辰を伴ひて遁世す」とあり、『徳川実紀』にも同年のこととして「鈴木九大夫重三は病免し」とあります。幕府側史料がいずれも病気→致仕→遁世、と筋立てしていることも気になりますけれど、込み入ったこの問題、わたくしは一往こう整理して切り抜けたいと思います。即ち、――およそ逡巡とは無縁の鈴木重三は、元和六年（四十二歳）、自分ひとりの思いで俄か（にわか）に落髪した。元和九年に至って隠居と重長による相続とが将軍家筋に認められ、「しょうさん」の名を得て晴れて出家した――と。だとすれば、そのとき正三四十五歳、重辰十七歳となります。

ほんとうはそういう細かいことはどうでもよくて、そのようにして遁世した正三が、以後、多方面にわたって活動したこと、それとともに、活動の根底にあったものとはいかなるものであったか、それを見ていかなければなりませんね。どこまで出来るか分からないけれども。ただ前もって言っておくとすれば、仏教、ひいては宗教、の究極が〈衆生済度（しゅじょうさいど）〉にあることを思わずにいられません。正三独特の職分論、生きがい論、仏教治国論なども、みなそこから出て、そこへ帰ってゆくのでしょう。

正三という僧名の奇跡

さっきも申しましたとおり、出家名を請われた臨済僧・愚堂（そして大愚）は〝そなたほどの者に誰が僧名を授けることなど出来ようか〟という意味のことを言って、僧名を授けること、言い換えればみ

正三和尚　鉄鉢

ずからが正三出家の師となることを逡巡し辞退しました。

正三は若いころから多くの仏典に親しみ、臨済や曹洞、また念仏の寺々を訪ねては教えを請い、問答を重ねるなどしてその道心のひたむきなこと、仏教理解の高いことは坊さんたちにも知られていましたから、愚堂（或いは大愚）が、〝今更愚僧ごときが…〟と逡巡した、いや、たぶん懼れ憚った、のも解る気がするのです。

紀野一義などは、「謙遜というか、だらしがないというか、正三の周囲には、正三に法名をつけてくれるだけの力量ある禅僧はいなかった」と言う（『名僧列伝』Ⅲ）のですが、わたくしには、〝師の認証による嗣法の僧侶になれなかったことが、正三には逆に幸いしたのではないか〟という見方（高木壮一郎、「鈴木正三研究集録」第二号）のほうが面白いし、森和朗にいたっては「嫡々相承などという禅宗の伝統に従わず、まさに無師独悟であり、無宗で無派で無寺であることに、鈴木正三はかえって自由を感じていたかもしれない」と見ています（『甦る自由の思想家鈴木正三』）。

そんな経緯から、正三は宗派内で異端視される反面、教団や大寺院のあれこれに縛られることが無かった。そうした自由な境涯こそが〈職分即仏行〉、〈仏法即世法〉などの独創的な思想を生み、民衆と膝を交えることを可能にしたわけですからねえ。人生相談に訪れる女人は引きもきらなかった。当時のお坊さんとしてはまったく珍しいことでしょう。

次に、「ゆく川の流れは絶えずして…」の鴨長明、「つれづれなるままに…」の兼好といった隠者の名前について。この二人は『方丈記』、『つれづれ草』の著者として余りに有名ですが、社家生まれの遁世者という共通項ももっている。長明の思索や嘆声にはぬきさしならぬ実存的なものがあるけれども、世を捨てたはずのこの人は、例えば福原に新しい都が出来たと聞けばすたこら見物に出かけるし、兼好はここかしこで人の世の無常を言うけれども、その豊かでこまやかな人間観察の結果は興趣が尽きませんよね。隠者とか遁世者とかいいながら、兼好は世を捨てきったわけではありませんでした。そのことは「兼好（けんこう）」が本名の兼好（かねよし）を音読したにすぎないところによく表れていると思うんです。同じ事情は鴨長明（ながあきら／ちょうめい）にも言えるし、わが鈴木正三（まさみつ／しょうさん）にも見てとれる、というわけです。

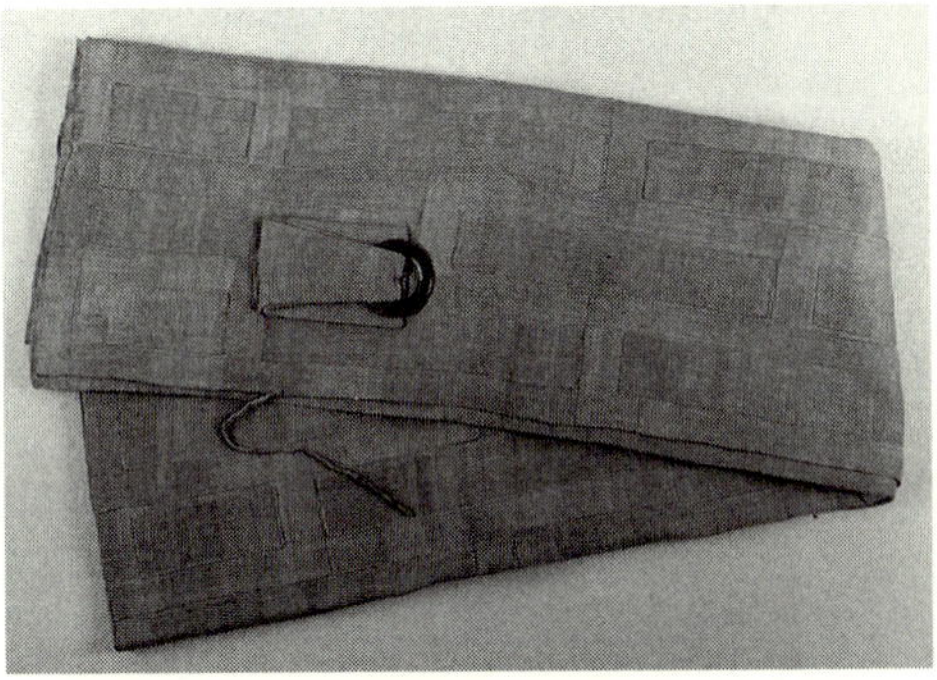

正三和尚　袈裟

われわれは〝その種の人〟を話題にするとき、〝俗世間との交わりを断って…〟などと何気なく言うけれども、アウトサイダーたる〝彼〟は世を厭（いと）うたのか、世に背（そむ）いたのか。世を遁（のが）れたのか、捨てたのか、或いは世に捨てられたのか。仏門の外をどんな気持ちで〝俗〟と言うのか。

少なくとも鈴木正三は、世間を俗世間と言いなす地点には立っていなかったと思いますね。一般に、世間との間合いの取り方には〝彼〟固有の思想のありようが顔をのぞかせるものですが、世間を俗世だとか、世人を俗人だとか見なかったこの出家者は、「しょうさん」と名乗ることで〝俗名〟の「まさみつ」をもっとも自然な形で内包することになりました。そこに聖と俗との乖離（かいり）などというものは巧まずして避けられている、と言っていいのではないでしょうか。

以上、少々名前にこだわってみました。正三思想がもつ〝健全な俗人性〟は、既にその僧名／実名とともにあった、と言えるでしょう。

職業即仏行・仏法即世法という考え方、そして仏教治国論

わたくしはこれまで、隠者や出家遁世者の出離の動機について考え、ほとんどの場合、ほんとのことは分からない、というのがいちばんの感想、そして結論です。そんなわけで正三出家の動機というのもこれまで括弧で括ってきたのです。でも今回はそうもいかないでしょうね。正三和尚自身は「我四十余ノ時頻リニ世間イヤニ成リケル間（…）不図剃リタリ」と漏らしたことがあります。さきほど元和六年の「落髪遁世」を問題にしましたが、その折のこととして弟子の恵中が書きとめた師の言葉（『驢鞍橋』下一三）です。そうなれば誰だって考えます、大坂夏の陣（慶長二十年 *1615*、三十七歳）での戦闘体験が引き金になったのでは、と。

深刻な体験ですからねえ。正三にはもともと人生無常の思いが強かったし、その上の殺し合い体験が出家と無関係なはずはない。しかしそれとは逆に、戦火が消えてしまったこともまた大きかったのではないでしょうか。

世に〈元和偃武〉といいますね。慶長二十年五月の大坂夏の陣で豊臣が滅び、七月には元和と改元され、文字どおり平和の時代の元まりとなりました。武士は鎧兜を箱に仕舞いこんだまま戦闘者たることをやめ、天草島原一揆を唯一の例外として、この国から戦乱といえるほどのものは無くなります。平和

な時代の到来は誰しもの願いでしたが、多くの自覚的な武士たちにとって、それはわが身の置き所を揺さぶられる事態でもありました。武を以て世に処するはずのサムライに、この先いったいどのような奉公の道があるだろうか、というように。

弟子・恵中の簡潔な筆が、正三の出家はそのような時代の波の中で遂げられたものであることを「御大将〔家康〕一天ヲ掌ニシ給ヒテ　武官隙アルニ及ンデ遁世ス」（『驢鞍橋』下）と端的に言い当てています。

そもそも正三には、関ヶ原へ向かった時から大坂冬の陣まで、およそ十四年もの間、有事に備えての待機という形で、時間的制約のほとんどない毎日が続いていたと見られます。正三の場合、その時間の多くが修道に充てられたことは言うまでもないけれども。

正三が大番衆の一人として大坂城の警備に当たったのは（従来は元和五年とされていたが、実は）元和七年だったようです。とすれば、早々と頭は剃ったものの未だ致仕には至っていない時期ですが、大坂在番は、それこそ暇だったはずです。無為の日々は、無用をきらう身にはひとしお堪えがたく、脾肉の嘆をかこつことになったのではないでしょうか。そんなある日、（坊主頭の）正三に対し、仏道は世法に背くものだと言ってくる同僚がいました。正三はそれへの反論として、自分が積み上げてきた仏教理解を人間修養論として書き上げます。処女作『盲安杖』の誕生でした。

『盲安杖』の第三項は仏教でいう〈四恩〉に関するものですが、天地の恩、師の恩、国王の恩、父母の恩の順で述べたあと、付け加えるようなかたちで「衆生の恩」が取り上げられます。のちに「四民日用」に詳述される、最も注目すべき正三思想の根幹が早くも見えています。

また、衆生の恩有り。農人の恩、諸職人の恩、衣類紡績の恩、商人の恩、一切の所作互ひに相助けらるる恩。慥かに是を知つて人を隔つる事有るべからず。

正三はこのように〝身分、職業の違いはあっても、互いに助け／助けられながら生きてゆくのが人の世である。このことを確と肝に銘じ、人と分け隔てなく付き合ってゆくべきである〟というのですね。それぞれの身分、職業にそれぞれ取替えのきかない大事な役目があり、生きがいもそこにあるという考え方が〈仏〉と結びつくとき、四民それぞれの職分は〈仏行〉に他ならない、となっていったと思われますが、早くもその萌芽がここにある。致仕・出家が正式に認められる前段、大坂在番中の著作であることを確認しておきましょう。

それと、ちょっと視点を変えて…、正三には何かこう、プラグマティックな傾向とでも言いたいような面が強いと感じるんですがね。〝ためになることをする〟というのが大事なんですね。で、仏教の教理も世の中の〝ためになる〟ように組み立て、世の人の〝ためになる〟ように説くのでなければ意味が無い。自分にはそれが出来る。積み上げてきた四恩の思想、仏教的人生観を世に役立てたい。そういう形のご奉公があってもいいのではないか。虎口を駆けてきたわが身であってみれば、畳の上で日々帳面作りとは情けない。

と、そんな風に自負することの強い落髪だったし、切迫する思いのつよい出家だったと思います。なにしろ若い時から「仏法ヲ以テ国土ヲ治ムルコト」を念願としてきたのですから（『驢鞍橋』上）。

そのようにして出家した正三は、ある職人が「極楽往生を願って仏道修行に励めと言われても、わしらは身過ぎ世過ぎの家業に追われるばかり。信心のための暇などありません。どうしたらよいでしょう」と問うたのに答える形でこう述べます。

> 何れ（いづれ）の事業も皆仏行なり。人人の所作の上に於て成仏したまふべし（＝人それぞれのなりわいの中に仏道への機縁があるのだ）。仏行の外なる作業有るべからず。一切の所作、皆以て世界のためとなる事を知るべし。仏体を受け仏性そなはりたる人間、心得悪しくして好みて悪道に入る事なかれ。本覚真如の一仏、百億分身して世界を利益（りやく）したまふなり。鍛冶番匠（＝大工）をはじめて諸職人なくしては世界の用所、調ふべからず。武士なくして世治まるべからず。農人なくして世界の食物あるべからず。商人なくして世界の自由（＝流通）成るべからず。此の外所有事業出で来て世のためとなる。
>
> （『万民徳用』・職人日用）

このような考え方でもって武士、農人、商人それぞれの職分を説いてゆきます。おのおのの職業に、世のため人のためとの念をこめ、一心に打ち込むことそれ自体が仏道修行であり、己を十全に生かす道である、というように。そのような唱導への情熱が正三を出家に駆り立てたのだと思うのです。それが自分の天職であると見定めたのだ、と。

¶

さて、この機会に正三の〈仏教治国論〉にもう少しお付き合い願うことにしましょう。というのも、近ごろ非常に驚いた江戸時代の史料がありまして…。「松平崇宗開運録」というものです。

> 夫れ天下の万民多しといへども士農工商の四民を出でず。四民の行ふところ、みなすなはち菩薩の行なり。如何となれば、三民〔は一民〕を助け、一民はまた三民を救ひ、相助け合ふものなり。（巻上）
>
> 〔武士の道は〕唯是れ衆生済度の菩薩の行なり。然る所以は、抑も天下の人民家業まちまちなりといへども、士農工商の四民を出でず。四民の業〔は〕しかし〔＝すべて〕菩薩の行なり。其の所為は、武士なきときは天下治まりがたし。農家耕さずんば人何をか食せん。番匠商人皆相資して互いに世を渉る。（巻中）

文献の「松平崇宗開運録」というのは、元禄年間に浄土僧・佑天が江戸城で将軍綱吉に講義をした折の記録なのだそうです。そこでは松平・徳川発展の歴史が語られるのですが、徳川の治国安民思想の基盤には仏教があると強調しています。公刊されたことはなく、増上寺にあったものが次々に書き写されて広く流通したのだそうです。この史料の存在と意義が研究者の間で注目されるようになったのは比較的近年のようです。

で、さっきお示しした『盲安杖』の、四民は互いに助け／助けられながら生きてゆくものだという考え方と、「松平崇宗開運録」上巻の引用部分とを、さっと見比べてみましょう。

また正三の「職人日用」と「松平崇宗開運録」中巻とを見比べてみてください。あまり似ているので両者の関係をどう考えたらいいのか気になっていたのですが、「松平崇宗開運録」研究の先導者・大桑斉さんはこう言い切っています。

この文言が鈴木正三の職分菩薩行説によることは（…）明白である。正三があらゆる職分を仏行・菩薩行とする論理を展開したのは寛永期からであるが、以来半世紀を経た元禄期に到って一般化した様相が見て取れる。

（『近世仏教治国論の史料と研究』）

正三が提唱した職分論はこのように「一般化」し、将軍の前でも浄土僧が語っていた、——その例証ですね。正三は晩年のある日、自分の著作についてこう語ったことがあります。藤吉慈海の訳で。

私は八十年苦労してきたが、誰も聞く人なく、時節にもあわず、ただくさっていくまでである。あまりの悲しさに、今こそ見る人がいなくても、自分の念願を日本国中の神社仏閣にこめおくなりして末代に残し、縁にあう人を待とうと思ってこれを書くのである。

（『驢鞍橋』中）

強い調子で語りつづけた正三にこんな弱気の言辞があったかと妙に胸に染みる感じがありますねえ。しかし、正三思想のすべてとは言わぬまでも、ある部分は確かにこうして「一般化」し、また「末代」の石門心学に受け継がれてもいったのでした。遥かな後世、日本資本主義の源流を鈴木正三に見る山本七平は、「正三は日本の近代化に最も大きな影響を与えた思想家であり、その点では、日本の近代化による世界への影響を通じて、世界に最も大きな影響を与えた日本人の一人ということができる」とまで言いましたね。「徳は孤ならず」だとか。

恩真寺――在家仏教への転回

さて、正三伝においては元和六年の落髪から寛永九年の恩真寺建立までを「遍歴と修練の十二年間」と考える（神谷満雄）のが普通です。落髪遁世後の正三は、年号が寛永と改まったころから重成の知行地である三河の山中村・石ノ平に庵を結んで山林独居、修業三昧の生活に入りました。正三は翼を得た鳥のように自由に行動しました。善阿弥が開いた医王寺（豊田市矢並町）を修復したり、畿内の神社仏塔を拝し、鈴木＝穂積発祥の地たる紀州熊野、藤白を訪ね、和歌山を巡錫する大旅行にも出ています。寛永九年、小庵を解いて立派な仏殿とした事情は、今も本堂正面左にかかる梵鐘の銘文によって窺うことが出来ます。正三が出家することを得たのは、先に見たとおり、将軍秀忠の寛大な計らいによるものでしたが、恩真寺建立もまた秀忠との縁を抜きにしては考えられません。

征夷大将軍源家光公、先君（秀忠公）ノ遺財ヲ散ジ、遍ク諸臣ニ賜フ。爰ニ穂積氏鈴木三郎九郎重成、此ノ恩ヲ謝セント欲シ、右ノ遺財ヲ以テ家兄正三道人ニ施ス。（原漢文）

四恩にいう「国王の恩」は、正三・重成にとって、いかにも具体的で身近なものだったのですね。

恩真寺（豊田市山中町）

先代将軍秀忠の死去にともない、旗本・鈴木重成が家光から頂戴した「御遺金」は大判千三百枚、小判八百両、銀三十万九千五百枚だったようです（『徳川実紀』）。その寄進を受けて建立した寺を、正三は〈石平山恩真寺〉と命名しました。所の名をとって山号とし、偈文の一句「流転三界中、恩愛不能断、棄恩入無為、真実報恩者」から恩・真の二字をとって寺号としました。この偈は実に意味深いですね。

三界ノ中ニ流転シテ恩愛ヲ断ツコト能ハズ、恩ヲ棄テテ無為ニ入ルハ真実恩ニ報ユル者ナリ。

開創の経緯からすれば重成が開基、正三が開山とあるべき（163頁参照）なのでしょうが、恩真寺は正三開基の寺として、また有力寺院の影響を受けた形跡もなければ檀家も持たない、独自の存在でありつづけました。正三は慶安元年*1648*に江戸・天徳院内に了心庵を結ぶまで、ここを拠点としました。

いま恩真寺を訪ねる人は、正三手植えと伝える杉の巨木に目を瞠(みは)りながら坂道を上り、やがて正三がその上で座禅を組んだという巨大な巌(いわお)に目をやるのが常です。正三はここで滝に打たれ座禅を組むなどの暮らしをほしいままにしたことでしょう。曹洞宗の開祖・道元が不離叢林(ふりそうりん)と只管打坐(しかんたざ)を主張したので、同じ禅宗でも〝問答の臨済〟に対する〝座禅の曹洞〟というイメージが強いですよね。山寺である恩真寺での修業、座禅三昧(ざんまい)の日々は、正三にとっても憧れのものだったはずです。

ところで恩真寺のような山中での暮らしというのは、もうそれだけで、決して楽ではない労働を強いられるもの。その労働は〈作務(さむ)〉と呼ばれ、禅堂における修業の中でも殊のほか重きをなすものです。

> 学問の習得も、座禅の練習も、法眼の獲得も、固(もと)より大切は大切であるが、これらを得ても、作務の慣習がないと、禅僧の教育は完璧と云はれぬ。(…)百丈懐海(えかい)禅師が、「一日不レ作、一日不レ食〔＝一日作(な)さざれば一日食(くら)はず〕」と云はれたのは、どう考へても千古不易の金箴(きんしん)〔＝貴重ないましめ〕である。
>
> (鈴木大拙『百醜千拙』)

畑を耕し、薪を割り、雑巾を絞って堂内を清め、命の糧はみずから煮炊きし、水を汲み薪を燃して沐浴する…といった数々の作務自体が仏道修行に繋がっているというわけです。

ここで正三の主著『万民徳用』の中核をなす〈四民日用〉のことをもう一度振り返ってみましょう。

正三は寛永八年*1631*、熊野詣での帰途、和歌山の寄宿先で〈武士日用〉を執筆しました。そして石ノ平に帰庵の後〈農人日用〉以下の章を書き足していったと考えられています。

この著作に流れているものは、前に見たとおり在家主義であり、山中独居・座禅三昧の仏僧の思想ではありません。即ち、鈴木正三の在家主義への転回は畿内・熊野・藤白・和歌山の旅を経て石ノ平の庵、そして恩真寺での思索の中から起こった、——そうわたくしは推測しています。

折々に山を下り、托鉢をする。里の人々の暮らしのさまを直に見、言葉を交す中で正三にはハッとする瞬間が何度もあったのではないか。たとえば、田夫が田畑で稲や野菜を育てる仕事と、自分が禅堂でしている作務との間に、何か本質的な違いがあるか、…といったような。ワシの作務が仏道修行なら、カレの一鍬一鍬も菩薩行ではないか、…といったような。恩真寺がこの人の思想的転回の舞台となったらしいとはそういうことです。ここでの思索と作務の（或いはそこに田夫・田婦との語らいを加えてもいい）山寺での暮らしから、正三は次第に仏教の隠遁的傾向に否定的になってゆきます。山林にこもって独り悟りを得ようとする仏教ではなく、現実の社会生活の中でおのれを高め仏道を実践することこそ大事、という方向ですね。出家希望者が何人頼って来ても、そのたびに今の仕事に精励すべきことを言い、出家を思いとどまらせた逸話が『驢鞍橋』には見えています。ただ正三自身は、もはや在家に戻ることは許されず、仏教的自由人として生き続けることになります。

また正三にあっては、僧堂での日々の作務も、たびたびの長旅も、ともに精神の活動を活発にする上で重要な働きをしたに違いありません。只管打坐の瞑想だけでは得られないような「浮かぶ心（正三の用語。困難を突破するポジティブな心の持ちよう）」ですね。気の抜けた座禅をつよく戒め、座禅というものは胸を張り、拳を握り、きっと果たし眼になってするものだといった気魄も無関係ではないでしょうね。

さて、さきほどの鈴木大拙の文章は、実はこう続きます。

> 僧院生活に一日も作務なかるべからずと云ふことは、百丈の清規〔シナの禅僧・百丈懐海が定めた修行者の生活規範〕だけでなく、基督教の僧堂にも行はれて居る。基督教の教へる、「為さざれば食はず」とあるのを、アシジのフランシスは直ちに之をとりて僧院生活の第一義とした。具眼者は東西古今を異にしながら同一轍に出て居る〔＝同じ認識に達していた〕。

このように修道院が祈り・禁欲・労働の場であったことに鋭く着眼したのが偉大な社会科学者マックス・ウェーバー Max Weberでした。ウェーバーによれば、カルヴァンたちの宗教改革は修道院における生活と労働の考え方を世俗一般に持ち込んだことで世俗の職業も神の召命とする心を養い、やがて近代資本主義倫理の源流となったというのです。一方、こんにち出回っている正三関係の書物は正三の職業倫理観が勤勉の精神を高め、わが国の経済発展、資本主義形成の基盤をなしたと口を揃えています。そこには正三の職業倫理観を世界的視野において――この場合カルヴァニズムと対比させながら――考えを進めようとする論調が窺えます。その方面の開拓者は中村元先生ですが、山本七平の諸書（『勤勉の哲学』『日本資本主義の精神』『日本人とはなにか。』）や長部日出雄『仏教と資本主義』などを読んだ方には、ここで付け加えて言うことがほとんど何も無い。もっとも、正三の、そして日本人の職業倫理を幅広くきちんと勉強しようと思うとき、いちばんのテキストは島田燁子『日本人の職業倫理』でしょう。

『破吉利支丹』の時代性

正三が弟の天草代官・鈴木重成に乞われて天草に入ったのは寛永十九年*1642*のことで、以後寛永二十年に三河に帰るまでの二年余りの間、代官への献策、社寺の再興、民衆教化に当たりました。その間にキリスト教批判の書、『破吉利支丹』をものしたようです。弟子の恵中が書いたものには、その本は天草で書き天草の寺々に納めたとあるのですが、実際にはどこの寺もこれを所蔵していないので、この件についての真偽は測りかねます。版行は初刊でも著者の死から七年後、寛文二年のことでした。

しかし、寺に納めたというのには相応の真実味があります。というのも『破吉利支丹』はその用語、文体、内容に照らして直接島民を読者としたとは到底考えられず、むしろ寺に人々を集め、キリシタンの教えを糾して仏法を語ろうとする僧侶への指南書として執筆された可能性のほうが大きい。いわば仏

『破吉利支丹』表紙
鈴木正三によるキリスト教批判の書。17世紀日本の代表的教養人･正三が仏教の立場からカトリシズムに真っ向勝負を挑んだもので排耶書中の白眉とされる。

僧を介して庶民に語るという構図ですね。加えて理論家肌の正三が強い気魄をもって〝我々はキリシタンをこのように迎え撃つ〟と勇んで著述した気配さえあります。話に聞く林羅山と不干斎ハビアンとの論争など、正三には歯痒くて仕方がなかったでしょうからねえ。

さて本書は全部で九節から成りますが、試みに第一節と第三節を取り上げてみましょう。

【第一節】キリシタンは「天地を創造し主宰する万能の神デウスが千六百年以前に南蛮国にゼズ・キリシトとなって降誕、人々を救済したが、日本など他の国々ではこの事を知らず、しょうもない阿弥陀だの釈迦だのを尊ぶとは実に愚かなことだ」と言っていると聞き、論破して言う——デウスが天地の主で、国土万物を創ったというのなら、何故そのデウス、今まで無数の国々を放置したのか。天地開闢以来、三世の諸仏が次々に出現して衆生をお救いなされて何万年、その間デウスは他を顧みることなく、今になって南蛮国だけに現れたとは何を証拠にいうのか。

デウスがしんじつ天地の主であるなら、自分の創った国々を〝脇仏〟に奪われ、何千年にわたって仏法を弘めさせたとは大いなる油断である。このデウスはまさに〝たわけ仏〟である。しかも、ゼズ・キリシトと生まれ出て下界の凡夫に磔にされたというではないか。このようなものを天地の主と崇めることができようか。このような筋の通らぬことが他にあろうか。

キリシタン宗が〈本覚真如の一仏〉を知らず、唯一神デウスを奉じてわが国に渡り、怪しげな教えを弘めた科は重く、天罰を免れまい。この程度の簡単な道理も弁えず、その教えを敬って命を捨てる蒙昧の徒が多い。これはわが国の恥ではないか。異国までの風聞もあろうに、口惜しい。

【第三節】バテレンたちが「日本人が〔古来の〕神を敬うのは間違いである。これもデウスを知らないからだ」と言っていると聞き、論破して言う――

そもそも日本は神国である。神国に人と生まれて神明を崇めないとなれば、それはもっとも道義に悖る(もと)ことである。『摩訶止観』には「和光同塵は結縁の始め〔＝仏・菩薩が衆生救済のため本来の姿を隠し日本に神として出現したことは衆生を仏道に導く出発点〕であり、八相成道は利物の終り〔＝釈迦が完全な悟りに達したことは衆生救済の終点〕である」と書かれている。このように仏・菩薩がまず神となってわが国に出現されたのは人の心を和らげ真の道たる仏道に導くための方便である。神といい仏といっても、両者は〝水波の隔て〟に過ぎず、本体は同じである。〈本覚真如の一仏〉は姿を変えて世に現れ、人の心に応じて済度したまうのであるから、神を敬う心も、かの一仏への報いとなるのである。（…）

逆襲する日本仏教、といった感がありますね。正三は異教に対峙してみずからの仏教観・世界観を練り上げて示したのですが、本文は大半が読むのに難渋します。大意は取れるし注釈も可能だけれども、どうも現代文にうまく乗ってくれないところがあって、訳となると誰だって躊躇してしまう。排耶書の眼目は宣教師を論難することではなく、一般の人々を説得することにあり、正三もそうした論法をとった（小澤萬記「山口の論争」）と言われるにもかかわらず、真っ向からの神学論争を通して当面の読者たる仏僧を叱咤激励しようとした結果、文章はおのずから力みを免れず、また難解にもなっていったのでしょう。ま、ともかく、もう少し解りやすく読みやすく書けなかったものか、と思いますね。

最後に、本書がまとう時代性について一言しておきたいと思います。時代的な限界や特異性、…例えばバイブルを読まないままの議論、天文学の知識の格段の違い、緊張する国際情勢…等々です。もっとも、『破吉利支丹』におけるキリスト教批判は、ヨーロッパ内部で見られた批判と通底するところがあるとも指摘されています（中村元『日本思想史』）。

改めて時代との関連で言えば、十六―十七世紀に宣教師たちが唱えたキリスト教と、今日のそれとにはかなり大きな違いがあることは言うまでもありません。歴史の中で教説の力点が大きく変わったり微妙にずれたりすることは十分有り得るけれども、例えば〈天地創造〉や〈原罪〉といったテーマはキリシタン時代からすれば今は随分色が薄められているでしょう。逆に近現代のキリスト教では〈愛〉や〈平和〉のごときテーマがうんと比重を増しているのは誰の目にも明らかです。そして少なくとも今の日本では、キリスト教徒が〝異教徒〟の神を悪魔呼ばわりするなど有り得ないでしょう。

正三のキリスト教批判は、あくまでも当時の、迫り来る南蛮勢力と対決する祖国防衛的な論駁だったわけです。その批判は当然そういう時代状況の中で、当時のキリシタンに向けて行われたものであって、国家間の関係が変わり、しかも世界の諸宗教が共存、融和への道を模索する現在の日本においては、まるで事情が違うことを、私たちははっきり認識しておくべきだと考えています。

正三と重成と

鈴木重成、捨身懸命の生涯――。その背景に兄・正三の思想があったことは疑いようが無いでしょ

正三と重成が揃って晋山式に臨んだ萬松山國照寺
ゆかりの阿弥陀如来と二十五菩薩像が本堂左奥に安置されている。（熊本県天草郡苓北町）

う。すぐにも正三の言った「ワガ身ヲ思フ念一ツヲ離ルルガ体ナリ」、或いは人に「義とは？」と問われて言った「義ト云フハ、グット死ヌ事ナリ」などが浮かびます。〝正三あっての重成〟なんですね。

ところが、正三をよく知る人の中に、それとまるで逆の発想をする人がいて驚きます。例えば岐阜のジャーナリスト高木壮一郎さん。

「ねえ田口さん、重成がいなければ正三は無かったんじゃないかなあ」

足助の町を歩きながら、日ごろ「正三が好きでたまらない」と言っている人の口からそんな言葉が出たことにわたくしはたいそう面食らったのですが、思い返せば腑に落ちることばかりなのです。

出家した正三が荒行のあまり衰弱して命の瀬戸際にあったとき、重成が肉食を勧め、栄養失調から救出した話は、正三に馴染みのある人々にはよく知られていますけれども、そもそも正三が旗本身分を捨てて落髪遁世したこと自体、弟の重成が則定鈴木家を継承していればこそ可能だったわけだし、またその際——先妻の児・重辰を後妻のもとに残すことを避けようとして正三は子を連れて出家すると言い出したのでしょうから——重成がすっと手を伸ばして重辰を引き取り、前途ある少年として傍においたのでした。浮世の、面倒なあれこれを弟が引き受けていなければ、兄は自由な仏教者、言論の士たることを得なかった。その極めつきが恩真寺の建立、寄進でした。

一方重成が精神の上で正三から受けたものは計り知れぬほど大きかったと思いますが、しかしそれは影響というより感化、或いはいっそ薫染といった方が近いかも知れなくて、それ故言葉で立入って解析することはとてもむずかしい。ただ現代のわれわれが確信するのは、類い稀な、と言いたいほどの二人のつよい兄弟愛ですね、敬愛と信頼の。

本章の最終場面は、天草の國照寺です。

諸僧の招きに応じて江戸に出ていた鈴木正三は、慶安元年*1648*、ふたたび天草に渡りました。師走の十三日、富岡の代官陣屋を出発、重成とその従臣たちとともに竣功したばかりの國照寺に入り、開山・一庭融頓和尚の晋山式に参列したと國照寺記録にあります。正三和尚と代官重成が、その日のために特別に敷き展べられた緋毛氈の上を進み、感慨深げに居並ぶさまはどんなにか壮観だったことでしょう。諸儀終了後は一同「雑煮・吸物・銚子等」の祝いの膳についたと同じ文書が伝えています。

・終章・
復興する天草

田園の図（口絵㉔）に寄せる

どこにでもあるような
変哲もないような風景の中に
〝無事〟という一等大事な宝がある。

豊穣の島穏やかに鈴木祭

昭和十七年、若き主婦宮口きぬさんはこう詠んだ。
取り入れの時季を迎えて
田畑の豊穣も
日々の平穏も
ともに「鈴木さま」に結びついてゆく。

重成、死す

鈴木重成は承応二年 *1653* 十月十五日、駿河台の自邸で息をひきとりました。

享年、六十六。

法名、巽中院殿不白英峰居士。

亡骸は江戸小日向の天徳院に葬られました。

急報に接した正三は、高弟・不三に与えた手紙の中で名状しがたい衝撃をこう漏らしました。

「三郎九郎相果テ我等老リ残リ候テ　一入迷惑申シ候」

正三からすれば九つ違いの、しかしもっとも頼むに足る、誇らしい愛弟でした。

先日飛脚が来た時は、何かと取り紛れていて手紙で知らせることも出来なんだが、弟の三郎九郎が相果て、わしのような老骨が後に残ることになってひとしお途方にくれている。三郎九郎の内儀にもどうか力を付けてやってほしい。ひたすら極楽往生を願うよう、よく言って聞かせてもらえないだろうか。（…）

（鈴木正三『反故集』）

その死からわずか三ヶ月、天草・富岡に重成の供養碑が建ちます（口絵㉒）。富岡の代官所に訃報が届いたのはたぶん十一月の中旬でしょうから、すぐに建碑の議が持ち上がったとしても、それから場所を選び石を選び、碑文を撰し文字を刻んで、人力だけであの高台に建ち上げるまで二ヶ月弱。あれよあれよというほどの速さで事は成就しました。

その碑文、筆者は間違いなく中華珪法でしょう。漢文を現代語訳してお示ししましょう。

顧みれば、ここ天草は兇徒による一揆のあとどの村も家は荒れ、人影まばらとなった。このため鈴木重成公が将軍の命を受け、代官として着任された。そのお人柄たるや情理兼ね備わり、学問にも武芸にもすぐれた立派なお方であった。天草在島十余年、寸暇を惜しんで寺社を再興し、百姓を慈しむなど、その慈愛に満ちた統治の恩恵はまことに大きい。着任後一年にも満たぬうちから郡内は以前にまさる豊饒を取り戻した。

けれども後年、参勤のため江戸に赴いた折、私邸に入ると不意に病床に臥す事態となり、時間だけが過ぎていった。医師は手をこまねいて為す術も無かった。ああ天命は如何ともしがたく、そのまま帰らぬ人となってしまわれた。ただちに代官所の主立つ従臣たちがこの地に石塔一基を建て、追善供養を営むこととなった。（…）

●死因をめぐって

鈴木重成の死については、右に記されたような終焉の模様とは異なり、天草の石高半減を嘆願してみずから腹を切った、とする伝承が広く知られています。それだけに、その自刃説、或いは反自刃説のゆくえにも関心が多く寄せられて来ました。

元田重雄氏は昭和三年の贈位申請文で、また松田唯雄氏は『天草富岡回顧録』(昭和8)『天草近代年譜』(昭和22)などの著書で、天草代官鈴木重成はみずからの命に代えて領内の石高半減を嘆願したと感動的な筆致で著述したのですが、お二人とも典拠を明示していなかった分、批判や反論が複数の史家から寄せられました。わたくし自身は、それが自刃か病死かといった議論は不毛だと考えていますし、いたく激しやすいその議論に加わる気もありません。ただ冷静な議論、というより丁寧な考察のために敢ていえば、確認しておきたいことが一点、新たにお知らせしておきたいことが二点、あります。

まず〈自刃〉は幕閣にとっても鈴木家側にとっても、ともに秘匿すべき事柄であったという点です。前者は幕府の威信にかかわり、かつ政情不安に陥らぬよう事を穏便に処理する必要から、後者は鈴木家と一門の安泰・存続を図る必要から、双方にとってその死は〈病死〉でなければなりませんでした。

次に、松田氏は東京に出て鈴木三郎九郎家の末裔・鈴木美恵子女史を訪ねて家伝を聞き取っていたのですが、氏が残したその手稿を見ますと、重成は「天草高来両郡ノ減税ヲ独断専行セル科ニヨリ幕府ノ忌畏〔諱?〕ニ触レ」て「自決」した、というのです。事の当否は俄かには論じられませんが、自決の理由が石高半減の嘆願にではなく、永年にわたって年貢を半分しか徴収しなかった責任にあった、という理解の仕方はこれまでに無いもので、果たして「自決」が事実だとすれば、その理由としてはこちらのほうが遥かに真実味があります。それは、石高半減というのは代官が生死を掛けて訴えるような事柄であるのかどうか、私は近年疑問に思っているからでもあるのですが、今になってこんな〝新史料〟と対面することになろうとは…。

天草ノ城代(ママ)ハ鈴木三郎九郎重成ナリシガ、天草難儀ノ旨ヲ申立テ、二万千石ニ減ゼラレン事ノ願書ヲ差出シ割腹セリ。　（「西嶋家系統記録」）

重成「割腹」の二文字が三百数十年の時を経て、ごく当たり前のようにそこにあることに、これはほんとに驚かされます。なにしろ重成の〝死の真相〟は秘すべきこととして、天草の村長(むらおさ)たちは表立って口にすることがなかったと考えられてきましたからねえ。「西嶋家系統記録」というのは、寛永十一年に西嶋家初代・喜左衛門秀治（元和二年*1616*―元禄十六年*1703*）が徳川の世を憚って天草・小田床(こざとこ)村に隠棲して以来、七代の当主が時々の出来事を書き継いできた貴重な証言集です。右はその初代秀治が十七世紀後半に、同時代人(コンタンポラン)たる重成の死去（時に秀治38歳）や万治検地の時代を経て書いたもので、こう締めくくられています。「實ニ人皇第百十二代後西(ごさい)天皇ノ御宇(ぎょう)（幕府ハ）萬治二年ヨリ天草ヲ二万千石ト為セリ。是レ鈴木三郎九郎天草ノ為、献身的ノ尽力ヲ為シタル遺徳ニ因(よ)ル」と。

この文書に接して、…やはり、そうだったのか、との思いを禁じえません。そして確かに言えることは多分こういうことなのだろうと思います。――鈴木重成は「天草難儀」救済のため、到底余人の企て及ばぬ思い切った挙に出た。一つには十一年もの間、年貢を半分しか徴収しなかったこと。さらに、この地の生産力見積り（石高）を実態に即して大幅に下方修正するよう幕閣に訴えたこと。そのいずれもが代官の身にあるまじき行為であり、責めはわが身一人に帰す、としてサムライの作法に従った――。森鷗外遺言中の言葉、「死ハ一切ヲ打チ切ル重大事件ナリ」を思い出します。私たちはどこまでも人の死について謙虚でありたいと思います。

さて、承応二年十二月二十二日、幕府は鈴木三郎九郎家の跡目を子の重祐（二十三歳）に継がせます。また翌三年には重祐に父亡き後の五畿内代官を命じ、甥の重辰（四十七歳）に天草代官を命じました。これらのことをすべて見届け、重成の妻・心光院が同年七月、五十九歳で他界しました。

重成から重辰へ

しかし重辰が実際に着任したのは明暦元年*1655*六月末のことでした。その間の一年半に及ぶ代官不在は不自然だし、何かしらもたついた印象は拭えませんね。この人事、すんなり決しかねる何かがあったのではないか。まあ、しかしいずれにしても、天草島民は重成の甥であり養子である重辰の代官就任を待ちわびましたね。そして、その着任はすこぶるドラマチックだった。

江戸で天草代官を拝命して下向することになったとき、実の父正三は駿河台の弟重之邸で病の床にありました。明日をも知れぬ父を置いて東海道を西下して行く重辰。天草までおよそ一月の行程を病床の父は知悉している。六月二十一日、重辰は天草・富岡に上陸、ただちに代官陣屋へ。四日後の六月二十五日、江戸では父正三が多くの人に見守られながら息をひきとります。…重辰が発した、父の病態を案じ自分の安着を知らせる書状と、重之邸からの、正三入寂を知らせる書状とは、畿内か東海道のどこかで瞬時すれちがったわけでしょう。

着任した重辰は庄屋たちを前に挨拶をし、施政の方針を伝えます。そこでこんな風なことを言うんですね。寺沢光世氏の訳があります。

もともと自分は何の取柄もない者であるが、父重成のよしみによって天草の代官に仰せ付けられたのである。他の土地の代官であれば、恐れながらとお断りするつもりであったが、天草は、父重成となじみの深い百姓もいることだから、きっと取り持ってくれるだろうと思ってお受けしてやって来たのである。だから庄屋たちも自分の気持ちを理解して、島民との関係がうまくいくように尽力してほしい（…）。

父重成となじみ深い百姓たちのことであるから、自分も本心から百姓を大切に思うのである。しかし少しでも間違ったことをした場合は厳しく処罰するので、そんなとき前に言ったこと（百姓を大切にすると云った事）と相違するなどと思わないでほしい。むしろ百姓を大切に思うから悪事が大きくならないうちに厳しく処罰するのである。だからこのことを心掛けて謹んで生活するように小百姓にも言い聞かせてほしい（…）

（『天草代官鈴木重成鈴木重辰関係史料集』）

こうして重辰は、養父重成と島民との慈愛と信頼の関係を引き継ぎ、着実に天草復興の実を挙げてゆきます。魚沼国器は、先に引いた「鈴木明神伝」の中で「〔重辰は〕重成の法〔＝方針・手法〕を守って失ふ勿し。既にして〔＝やがて〕郡中大いに治まる」と評しましたが、近年開示された史料が「大いに治ま」ってゆく島の姿を詳細に伝えていますので、それによって点描してみましょう。

「天草御条目」に見る復興のすがた（復興証明1）

寺沢光世氏によって紹介された「天草御条目」というその史料（東北大学付属図書館蔵）六十余ヶ条の中から、ところどころを抜いて訳をつけ、読んでみましょう。重辰による天草統治の実際です。

一、天草では借金の利息が高く、というのも肥後や長崎から四割五割の利息で金銀を借りるからで、その利息は他国へ流れてしまっている。〔そんな現状を改めるため代官は〕代官所の御蔵米を少しずつ村々の庄屋に預けて置き、利息二割で借りさせたので、貧しい者は喜んだという。この利息を庄屋のもとへ集め、困っている者の救済に役立てなされた。具体的には——

(1) 貧しい百姓が病気になった場合、医者代、薬代として使うようにと申し付けられた。

(2) 孤児がいたら養育費に充てるようにと申し付けられた。

(3) 乞食や障害者などが風雨で物乞いに出られない〔で困窮している〕場合、命をつなぐことができるだけのお金を渡してやるようにと申し付けられた。

(4) 火事で被災した百姓などには、救援金として支給するようにと申し付けられた。

(5) 利息のお金は、何事によらず、困窮している者の救済のために使うようにと申しつけられた。おかげで島中の財貨が他国へ流出することは無くなり、乞食などまでが安心して暮らせるようになった。

一、以前に比べ、年貢が多く納まるようになった。

一、町方、村方ともに暮らし向きがよくなり、家の造作もよくなってきた。

一、〔重辰治下、これまでの〕七年間、訴訟は一件も起こらなかった。

一、島の人口は、六年前に比べ、男女ともに五千六・七百人ほど多くなった。

一、〔生活に余裕が出来て〕旅行費用なども賄えるようになったらしく、近年は伊勢参宮をしたり、また仏事なども資力に応じて行っている。

一、今春、伊勢参宮に出かけた天草の庄屋が大坂で金子五・六十両を拾った。庄屋は「落し物を拾っております。お返ししたいと思いますので、落し主はお越しください。私は××町の△△に滞在しています」と立札を立て、三日待ったが落し主は現れなかった。そこで大坂代官・鈴木三郎九郎重祐の手代に会って持ち主を探し出してくれるよう頼み、お金を返した。

かなり恣意的に抽出したのですが、〝治まれる世〟の一斑は示し得たのではないでしょうか。「天草御条目」はこのように、幕府代官・鈴木重辰の善政の記録として綴られたもので、資料収集に熱心な水戸藩でもこれを写して後世に伝えました。さらにその写しが東大史料編纂所蔵の「鈴木伊兵衛条令」です。『史記』にある「循吏列伝（じゅんりれつでん）」の類ですね。代官たる者の模範として収載されたわけです。

その「条令」を〝重成重辰史料集〟に初めて収録したのが平成十五年のことでした。

石高を半減し、年貢率を引き上げる（復興証明2）

寺沢領時代以来「四万余石」とされてきた天草（実際は三万七千石）は、鈴木重辰治下の万治二年1659六月、全島検地の上、村高合計二万一千石と評価替えされました。

石高のこの大幅改定はむろん大きな画期でしたが、これまで後世の人々の受けとめ方は一様でなく、誤解も少なくない。そこにはしばしば石高と年貢高の混同があり、例えば〝そのとき天草の年貢は半分に減らされたんですよね〟といった思い込みは今も根強いように見受けます。

一方、万治検地における〝石高半減〟をことさら過小評価しようとする人もあります。しかしこの人たちも、検地の結果村高が上がったところが何ヶ村もあるではないかとか、村高は減っても免（年貢率）を引き上げているではないかとか言いつのるところからすると、ここにも石高と年貢高との混同があると言わざるを得ない。解っている人でも意識がそちらへ引きずられやすいようです。

しかし私たちは、誤解にもとづく過大評価にも、為にするかのごとき過小評価にも、ともに与することはできない。

万治検地帳には代官所の役人、庄屋、百姓の立会いと納得の上であるとして、村ごと田畑ごとの測量結果、その等級と収量見込みなどが細かく記録されています。

重辰によるこの時の検地は、書かれているように、「…天草領村々田畑高の儀、寺沢志摩守内検地高

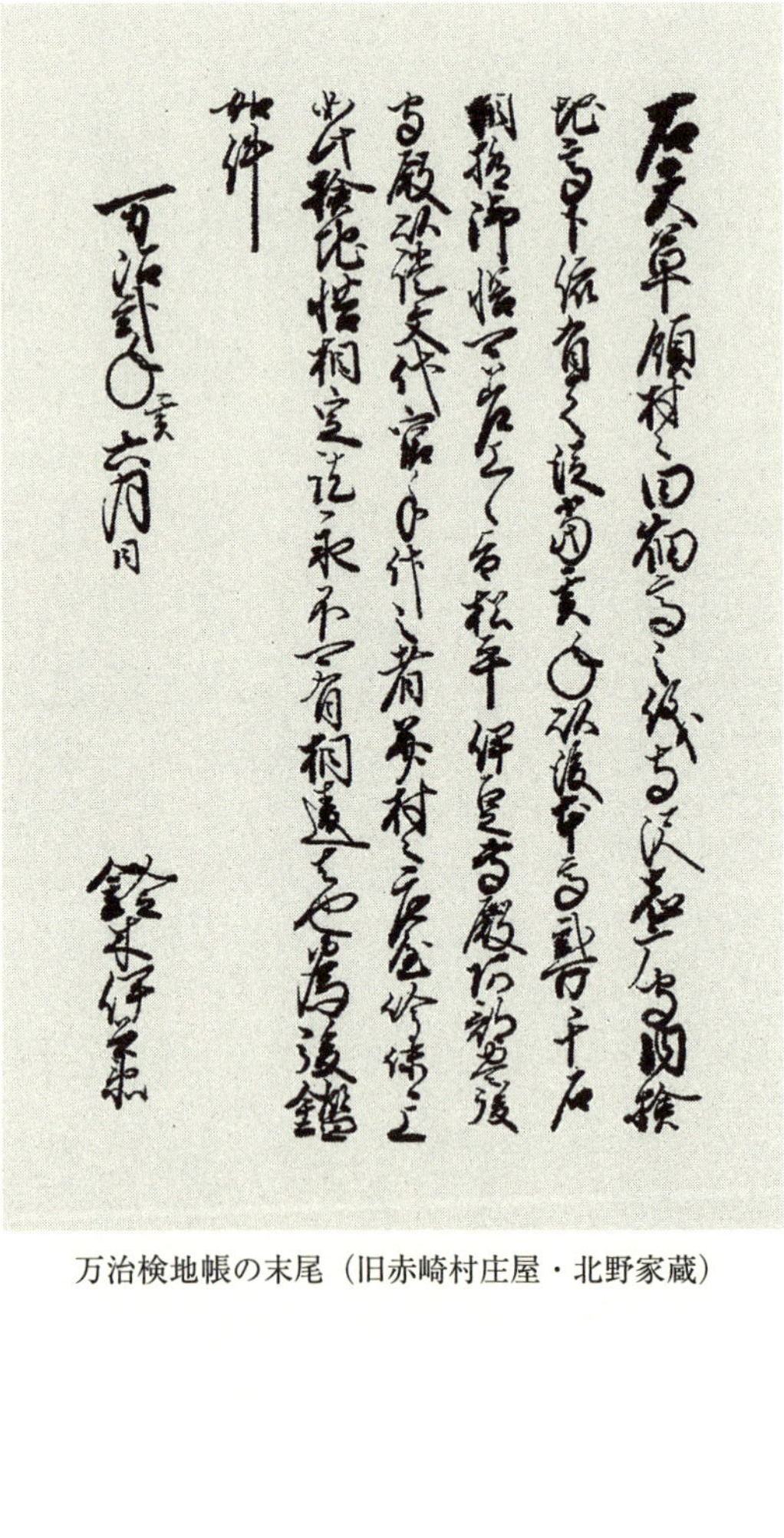

万治検地帳の末尾（旧赤崎村庄屋・北野家蔵）

下之有るに依り」行われた、即ち、寺沢検地では村々の評価が過大であったり過小であったり、実態と異なるところがあったので、それを是正するために実施されたものです。「高ならし」のための検地であったことを確認しておく必要がある。評価のやり直しですから、田畑は一筆ごとに、またその集計である村高でも、古い帳面より高い評価、低い評価が出て来るのは当然です。以下は以前別の本に書いたものですが、大事な点なのでもう一度振り返っておきましょう。

万治二年は天草島原一揆終結からすでに二十年が過ぎ、もはや戦後救済的な特別扱いは許されなくなっていた。そこで重成の理念を継承する重辰は、村高が実態に即しているか、公正か、という観点からの「高ならし」検地を実施した。不公平こそはいつの世にも大衆の不満の源である。不均衡・不公平を是正し、全島の評価額を大幅に引き下げた上で年貢率を全国標準に合わせた重辰の決断はもっと正当に評価されるべきであろう。（『評伝 天草五十人衆』）

別の観点から言えば、「もはや戦後ではない」宣言にそれは似ています。そして幕府も、天草は一往の復興を遂げたと見做した、ということではないでしょうか。

富岡城は無用なり（復興証明3）

寛文四年 *1664*、重辰は京都代官となり島を去ります。京では京都代官奉行から京都代官を分立させる機構改革が行われていて、重辰は新制度下初の京都代官として抜擢されたのでした。

京都代官の分立は、天草民政においてすぐれた政治的手腕を見せた、鈴木伊兵衛重辰の抜擢によっておこなわれる。その伊兵衛重辰を民政家として育んだのは、養父の鈴木三郎九郎重成と実父の鈴木正三であり、島原・天草の乱後の荒廃した天領天草の地であった。（鎌田道隆『近世都市・京都』）

名代官鈴木重辰を育んだのは重成、正三、そして天草という土地だった、というのですね。
重辰が去った後の天草は、ふたたび大名領に戻され、三河・田原から新領主戸田伊賀守忠昌が入部します。戸田は七年後に関東へ移封（いほう）となりますが、島を去るにあたり「天草は永久に天領たるべし。富岡城は無用なり」と建言したとされます。事実、富岡城は三の丸だけを残して本丸と二の丸は破却されました。このことは城郭の維持・修築にかかわる島民の負担を解消した英断とされ、上田宜珍以来の史家はこれを「戸田の破城」と呼んできました。

破城の背景には「もはや戦争の時代に非ず」という時代認識があったでしょう。〝中央〟では将軍家綱を輔弼（ほひつ）する保科（ほしな）正之たちが治政の舵を武断から文治へと切換えはじめていましたね。国には「徳川の平和」が確かとなり、島は鈴木代官二代の善政が浸透して、以前とは見違えるほどの静穏を得ています。騒乱の再発を恐れた山崎家治の時代ならいざ知らず、具眼の士のその眼には富岡城は今や無用の長物と見えたに違いありません。しかし、先人にならい前例にならう世にあって、しかも厳としてそこに在る城を破却するなど並大抵の決断ではありません。むろん事は幕命によって進められました。

もとをただせば、築城に長けた山崎家治は富岡城の修築・拡張を四年計画で進めていました。にもかかわらず、幕府はもう少しのところで山崎を四国に移し、事を中断します。

のちに入城した戸田は傷んでいた城を当然修築したはずですが、寛政譜はそれを「仰せによりて新たに富岡城を築く」としており、後世の私たちを混乱させます。そして「鈞命（きんめい）〔＝幕命〕をかうぶりて富岡城を毀（こぼ）つ」などといわれてもねえ。どうなんでしょうか、真相は。

あるいは逆に、破城はもともと幕府のプランだったのかも知れない。加えて、徳川の権威そのもののようであった江戸城天守が明暦の大火で焼失したあと、これを再建しないと決断した保科たち幕閣の時代認識がいよいよ富岡城破却を現実のものにした、と考えるべきなのかも知れません。いずれにしても歴史はそのように動いていたし、〝天草は今や荒廃地でもなければ危険地帯でもない〟という新しい認識がそれを支えていたと思われるのです。

〈鈴木さま〉のひろがり

高浜村庄屋で近世天草随一の知識人・上田宜珍 1755–1829 は著書『天草島鏡』（文政6）にこのような言葉を残しました。解りやすいので原文のままご紹介しましょう。「大人」は尊称。

御代官として鈴木重成大人御下向後、神社仏堂を旧に復し、且つ郡中の百姓を御取立て、猶又鈴木重辰大人懸命の願ひに依りて減高の御検地等之有り、追つて人民繁栄に及びしとなり。此の御代に御仁政奉仰にも猶余り有る事なりかし。扨又鈴木両大人の高徳、誠に天草再開国の功と言ふべし。故其のころの人、所々に鈴木の大人の御霊を祀りて鈴木霊神と称し、年々祭祀を取行へリ。尤も厚く敬ひ尊みあがむべき事になむ。

重成の業績を、①「神社仏堂を旧に復し」、②「郡中の百姓を御取立て」の二点に要約することは前に見た供養碑（中華珪法撰）の場合と同じですね。それに重辰の業績を「懸命の願ひ」による「減高の御検地」とし、「追って人民繁栄に及び」と集約、併せて「天草再開国の功」と称えています。さっきの鎌田氏の言を借りて口を挟めば、「重成から重辰へと二代にわたって続く鈴木氏の統一的な民政」の結果でした。そして宜珍翁は末尾に、近年島内各所で「鈴木の大人の御霊」を「鈴木霊神」と呼び、年々に祭祀を執り行っていると誌しました。そう、重成を神と崇めるこの島では、その死後百年となる宝暦のころから祠を築き、祭りを行うことが徐々に広がっていたのです。

宜珍翁のいう「鈴木霊神」の祠――一般に、親しく〈鈴木さま〉と称する――は、これまでの調べで島内に三十五ヶ所あることが判っています。平田豊弘さんの現地調査によれば、そのうち築造年などの銘文のある石祠は十六基。年代はほとんどが江戸後期です。（宝暦年間1、明和年間1、寛政年間2、文政年間1、天保年間2、嘉永年間2、安政年間4、万延年間1、文久年間1、さらに明治二十年代1）。小さいながら木造の社も八ヶ所ありますが、こちらはむしろ建立年代の確認がむずかしい。しかし例えば高浜八幡宮の境内にある鈴木社は上田宜珍の日記、文化五年元日の記事にこう現れます。

八幡宮へ御鏡餅御神酒奉供之　祇園
鈴木　両社へも同断

その「鈴木社」の造営と祭祀の始まりは、右に見たとおり、宜珍翁の時代からそう遠く遡ることはないはずですが、従来それはずっと古いと考えられていました。松田唯雄氏の『天草近代年譜』には「領主忠昌、先支配鈴木重成、重辰の功績を称へ、郡民をして各村に鈴木塚を建てしむ」とありまして、それで鈴木社は重成歿後間もなく各地に出来たと思われがちなんです。しかしこの件に関して松田説は不審です。信じ難い。第一、重成はともかく、重辰はこの時現職の京都代官なんですからねえ。第二、〈鈴木さま〉の石祠や木造社殿などは、とうてい藩主の命によって造営されたとは思われない、それはそれは小さく素朴なものばかりです。第三、藩主の勧奨だというなら、時代が余りに後れすぎているし、これだけの年代のバラツキも説明できません。

そこで、重成の死後百年以上経ってから祀るようになったのは何故か、というのが次の問題ですね。人を神に祀るといっても、実は「神社の祭神となるためには相当長い期間の経過を必要とした」（宮地直一『神道史』）と考えるのが普通で、江戸前期でも豊国社、東照宮などは極端な例外なのです。近年、この方面のことは随分明らかになってきていて、例えばこのようにまとめられています。

里の〈鈴木さま〉

鈴木重成をしのんで祀ることは江戸時代後期に天草各地に広がった。苓北町白木尾の石祠（写真）のみ明治期の築造で新しいが、地区では毎年神職を招いてお祭りを欠かさない。島内 35 ヶ所の〈鈴木さま〉には重成・重辰・正三を一体的に祀る例も多く、本町枦ノ原の祠（口絵㉓）はそうした典型である。

〈義人などが〉祀られる時期は、ある一定の期間を経過したのちであるが、一様ではない。早くても数年ののち、或は七年、三十六年、五十年、七十四年、七十七年、百年、二百年といふやうに時期はさまざまである。一定の期間を経ることによって死霊は浄化され神霊になっていくと考へられてゐた。／義人と同時期に生存し、その恩恵をうけた人々によって祀られることは少なく、義人の功績伝承が二代・三代と代々語り継がれていく中で、神社が創建される。

（神社新報社編『郷土を救った人々――義人を祀る神社』昭和56）

〈鈴木さま〉の場合がまさにそうでした。一揆後の、島が最も苦しかった時代を生きた三代前、四代前の先祖たち。その先祖たちが語り継ぎ言い伝えてきたことは〝代官様が神仏を尊び、百姓を慈しみ、いかに島の復興にご苦心なされたか、ということでしたから、代々の子孫は生前の重成が幾たびか洩らした言葉さながらに、〝これが放って置かれようか〟と祠を築くなどしてその死を悼み、恩徳を慕い、神と崇めて祀るようになっていったのでした。すでにモデルが百年前の本村にありました。

鈴木神社

鈴木重成が江戸で歿した翌承応三年*1654*、上府中の中華珪法は鈴木家を弔問し、特に乞うて重成の遺髪一束を頂き、天草に持ち帰りました。遺髪は本村十五社宮脇の松林の丘に埋葬され、人々はそこに石祠を構えて〝みたま安かれ〟と掌を合わせました。それが次第に〝神社〟へと成長してゆきます。本村の鈴木社は当初からそのような経緯のもとに発祥しただけに、後世、村々の〈鈴木さま〉の本源とされ、爾来〈鈴木神社〉といえば、天草市本町、鈴木の杜に鎮座するお社を指すようになりました。

その鈴木神社は享保三年 *1718* に拝殿を造営。天明八年 *1788* 木造神殿を建立。このとき正三、重辰二者を合祀して鈴木三神とします。三者を一体的に〈鈴木さま〉とする受け止め方とはいえ、正三が僧籍にあったことなどモノともせず神社の祭神とするあたり、人々の心の寛闊さには目を見張るものがあり

明治40年代の鈴木神社

昭和10年代、例祭の日の相撲場の賑わい

ます。盛大に記念大祭を営み、奉納相撲は三日間に及びました。この年、末裔の鈴木和政が「和楽」と書いた木製扁額を奉納（本書42頁）。文化八年 *1811* 魚沼国器撰「鈴木明神伝」の碑を建立（本書129頁）。文政六年 *1823*、神祇管領長より鈴木社に対し、正式に「宜しく明神と称したてまつるべきものなり」との神宣状が発せられ、翌年明神号奉称奉祝大祭を営む。「郡中の御初穂（＝奉賛）を以て」鳥居・石灯籠（現存）などの寄進あり。明治十七年、約百年ぶりに社殿を改築、境内を整備します。それでもまだ草葺の小さな社でしたが、祭神の威徳、境内の松樹群の見事さ、そして奉納相撲の賑わいで知られました。

鈴木重成公三百五十年祭

平成十五年 *2003* は重成歿して三百五十年になることから、さまざまな記念事業の取り組みがありました。ここでは鈴木神社式年大祭のあらましを振り返っておきたいと思います。

神社における式年大祭は、当然神社祭式に則り大祭式の定めに従って厳修するのですが、しかし全国共通の祭式規定に従うだけでは、たといそれがどんなに丁重を極めたものであろうと、十分に意義深いお祭りとなり得るかどうか、わたくしには甚だ心もとないと思われました。この大祭はこの神社固有の性格に立脚したものでなければならない。即ち、かつて重成公が天草島原一揆後の天草で、宗教宗派の壁が作る人間の悲劇を乗り越えるために苦心されたことに照らし、この大祭はわが国古来の、寛やかな信仰の形に沿うものでなければならない、と思われたのです。神仏をともに尊ぶ古来の信仰形態を自然に取り込み、あわよくば清新の気満ちる、新しい大祭の形式をぎりぎりまで模索した所以です。

次は、そのような考えに立って平成十五年十月に斎行した鈴木重成公三百五十年大祭の骨格です。

十二日　前夜祭

十三日　第一日祭―神道祭典（七〇分。本町中学校生徒全員合唱を含む）

　ひきつづき曹洞宗法要（法要＋法話＝三〇分）

　ひきつづき本渡諏訪神社より和太鼓演奏奉納

十四日　第二日祭―神道祭典（六〇分）

　ひきつづき浄土宗法要（法要＋法話＝三〇分）

　ひきつづき本町保育園児による和太鼓演奏奉納

第一日祭――神道祭典の圧巻は、式典の終りがた、本町中学校生徒全員による合唱「重成公讃歌」でした。三年生が共同で作詞し、井手公二教頭が作曲と指導にあたった音楽構成劇のフィナーレ部分です。彼ら彼女らは小学校時代からたっぷり鈴木三公学習を積み、その秋も文化祭を「重成公フェスタ」と銘打って三公学習の成果を存分に発表していました。態度が堂々としているのも、声が力強くのびやかなのも、ハーモニーが美しいのも、みなむべなるかな、です。柴田豊氏の言葉どおり、「これ程までに現代の若者の心に生きる重成公…」と誰もが感嘆し「感涙に咽んだ」のでした。

参列者の多彩な顔ぶれも、大祭の意義を高からしめるに十分でした。しかし直木賞作家光岡明さんの存在に気づいた方は少なかったようです。氏は時を移さず宮司に書を寄せ、神職と僧侶が入れ替るさま、僧侶が神前で読経するさま、参列者が拍手から合掌に自然に移行するさまはいずれも初見であり、深く感動したと記していました。その根底には近年、汎神論への共鳴を鮮明にし、神仏習合ないし併存こそが日本人の信仰の原型であるとする氏の思索や経験があります。明恵(みょうえ)上人の評伝執筆などを通して醸成されてきた思いでもあるようです。

一端にもせよ話がこういうことに及んだのは、他でもない、信仰の違いから争乱を繰り返す人類のどうしようもなさ、一神教が内包する唯我独尊を超えてゆく道を私たちは探らねばならない、と思うから

鈴木重成公 350 年祭　神職参進

鈴木重成公 350 年祭　仏僧による神前読経
（写真は上下とも平田豊弘撮影）

です。わたくしはそこのところをこの式年大祭で、いささかなりとも形にしたいと思いました。わたくしにできるのは多分そのようなことでしかない。人々の理解が得られるかどうか分からないけれども、かつて鈴木代官と呼ばれ、正三道人と呼ばれた御祭神の意には適うに違いないと思いました。だったら何も思い煩うことはないではないか。……有難いことに、神社界も仏教界もあっけないほどにすんなりとこちらの意を汲んでくださり、夢のようなお祭りが実現しました。或いは、これが天草——重成歿後三百五十年の天草——なのかも知れません。

キリスト教伝来四百五十年祭

平成二十八年*2016*、天草はキリスト教伝来四百五十年という大きな節目を迎えました。大江・﨑津・本渡のカトリック教会を主宰する渡辺隆義神父から、「これを機に神道・仏教・キリスト教三者による対話、平和を祈る集いを催したいのだが…」とのお誘いがあり、わたくしも浄土宗信福寺の池田集恵(しゅうえ)住職とともにその記念行事に参加しました。

かつて天草復興の先頭に立たれた鈴木重成公が、宗教間対立が生んだ悲劇をどう克服するか、にたいへん腐心なされたことに思いを馳せながら、喜んでこの催しに参加することにしました。

六月五日当日、会場の﨑津教会堂は内外の信者さんを中心に二百席が満杯。日ごろ信仰を異にする人々が一堂に会して稀有なる時空を共有したのです。

三者による対話では、渡辺神父がかつて宣教師たちによる神仏迫害があった事実に言及、率直な反省の弁を述べるとともに、神道や仏教の人たちにとってキリスト教は今も〝邪教〟なのか？　と問いかけるなどして、鼎談は真剣に、しかし穏やかに、和気さえ満ちて進んでゆきました。わたくしは、天草島原一揆の後、天領となった天草の初代代官・鈴木重成公は一揆で死んだキリシタンを仏式で慰霊したが、天草の民はその重成公を鈴木神社に祀って頭を垂れてきたと述べ、怨親平等・敵味方供養の精神によって神仏基が融合している事実についても話しました。

鼎談ののち三者はそれぞれの儀礼・方式によって世界平和への祈りを行いました。堂内に「アーメン」の声が響き、「ナムアミダブツ」と続いた後の神道の出番では、一転して「浦安の舞」が舞われました。

天地の神にぞ祈る朝凪の海のごとくに波立たぬ世を

参会者は昭和天皇の平和を願われるお歌に聴き入り、また優雅で気高い楽と舞いの世界にすっかり引き込まれてゆきました。異空間での大役を果たした今丑いづみさん（熊本市・健軍神社権禰宜）には満堂の拍手が送られましたが、その年四月の熊本地震被災地からの特段の奉仕と知って、人々はいっそう胸を熱くしたのでした。

終わって教会堂を出ようとすると、信徒さんらしい一人の婦人が近づいて来て、〝こんなことがほんとにありえたのですね〟という意味のことを土地の言葉で言い、顔をくしゃくしゃにしていました。

宗教間の対話と協調・共存の必要性が叫ばれる時代に、今回の催しが示唆するものは少なくなかったようです。

教会堂内での宗教対話
（天草市・カトリック﨑津教会、小林健浩 撮影）

鈴木重成年譜

天正十六年（一五八八）

鈴木重成、三河国加茂郡足助庄則定村に生まれる。通称、三郎九郎。父は徳川家康家臣で則定鈴木十四代・忠兵衛重次、母は粟生(あわう)筑前守永旨の女。兄に重三と重猛、それに姉一人がいた。後年、弟重之と重実（信正）、さらに妹一人が生まれる。

慶長十九年（一六一四）　二十七歳

重成、大坂冬の陣に出陣。父重次と重三・重猛・重成・重之の四兄弟がともに出陣したのである。

慶長二十年（一六一五）　二十八歳

三月二十七日、四兄弟に奉仕の命あり。四兄弟はそれぞれ加茂郡のうちに采邑二百石を宛行(あてが)われ、鉄砲各一丁を賜る。父と重三・重成・重之の三兄弟は四月、夏の陣にも加わる。

重成、駿府の家康に勤仕し小十人に列する。

元和二年（一六一六）　二十九歳

四月、大御所家康歿し、駿府の家臣団は二代将軍秀忠に仕えるためこぞって江戸に移る。重成も神田駿河台に屋敷を拝領し、兄弟甍を並べた。

重成が梶尾盛重の女を娶ったのは、これから数年の後かと思われる。妻は八つ歳下で、やがて二男五女の母となる。心光院と称した。

元和五年（一六一九）　三十二歳

五月、重成、将軍秀忠の上洛に供奉する。弟重之も供奉。途次、三河の百姓が上書して代官の非違を訴えることあり、重成命ぜられてこれを吟味する。

元和六年（一六二〇）　三十三歳

重成、致仕して則定村に閑居した父の跡目を継ぎ、合わせて七百石を知行、則定鈴木家の柱石となる。兄の重三、にわかに剃髪する。

元和九年（一六二三）　三十六歳

重三、出家が認められ「正三(しょうさん)」を名乗る。その息子重辰(しげとき)（17歳）は重成が引き取る。

重成夫妻に長男重頼が出生した。七月、家光、三代将軍となる。

寛永二年（一六二五）　三十八歳

七月、家光、重成に元和六年の知行宛行につき改めて朱印状を下す。

重成、信濃国材木目付を命ぜられる。

寛永三年（一六二六）三十九歳

七月、重成、将軍家光の上洛に供奉する。八月二日京都到着、十月九日江戸帰着。

重成、御納戸頭（元方）となる。

寛永五年（一六二八）四十一歳

重成、五畿内の代官を拝命し、大坂近辺（摂津・河内・播磨など）の幕府領を管轄する。大坂鈴木町の役宅に住んだ。

寛永六年（一六二九）四十二歳

重成、摂津・河内両国の堤奉行を兼ねる。

六月九日、重成の母歿し、七月九日、父重次相次ぎ歿する。いずれも則定の陣屋にて。

寛永八年（一六三一）四十四歳

九月、重成、疝痛に苦しむ大御所秀忠に家伝の薬を献上し、本復させる。

重成夫妻に次男重祐が出生した。重祐を十七年生まれとするのは誤りであろう。

大坂の重成支配地で隠田発覚。重成、伏見奉行に百姓の助命を訴え、女子供だけは刑を免れしめる。重成と正三、一仏二十五菩薩像を造り処刑者の慰霊につとめた。（一説に寛永十一年のこととする）

寛永九年（一六三二）四十五歳

重成、家光から下された先代将軍秀忠の遺金を正三に贈り、采邑の石ノ平に恩真寺を開く。

寛永十年（一六三三）四十六歳

養子の重辰（二十七歳）、将軍家光に仕え大番に列する。上総国に采邑二百石を賜り独立する。

寛永十四年（一六三七）五十歳

十月二十五日、天草島原一揆が勃発する。十一月九日、幕府は一揆鎮圧のため追討上使として板倉重昌・石谷貞清の派遣を決定、参勤中の九州諸大名に帰国を命ずる。また十一月二十七日、重ねての上使として松平信綱・戸田氏鉄の派遣を決定。十二月十六日、島原へ向かう松平は大坂で鈴木重成に会い、戦地への同道を求める。重成、重辰とともに信綱に従う。

寛永十五年（一六三八）五十一歳

一月四日、松平・戸田・鈴木等、有馬に着陣。

一月七日、重成、大坂の代官衆ならびに大坂城代宛に戦況を詳しく報告する。

二月一日、天草四郎、籠城の一揆勢に「法度書」を出す。二月二十七日・二十八日、原城が陥落する。

四月四日、戦後処理に関する将軍の裁定が下る。五日、亡所開発に関する十ヶ条の定めが出る。

島原は高力摂津守忠房の支配、天草は山崎甲斐守家治の支配（富岡藩）となる。

寛永十六年（一六三九）五十二歳

重成、南有馬の原城戦跡を巡見。高来・天草の僧侶を集め八幡宮境内で七日間の亡魂供養を行う。

重成、北有馬に願心寺（浄土宗）、口之津に玉峰寺（曹洞宗）を開創する。

十月一日、富岡藩の復興ままならず、重成、「肥後国天草荒廃の地開発」の特命を蒙る。その任務は島原にも唐津にも及んだ。

寛永十七年（一六四〇）五十三歳

二月、重成、廻村中大江村で天然痘に感染。木下家で看病を受け一命を取り止める。

寛永十八年（一六四一）五十四歳

九月十九日、重成、天草代官を命ぜられる。十一月二十六日、熊本・川尻から船で天草・富岡に上陸。

重成、大庄屋十人を任命する。

寛永十九年（一六四二）五十五歳

天草への走り百姓が相次ぐ。重成、たびたび熊本藩主・細川光尚（みつなお）と対応を協議する。

三月二十一日、重成、長崎オランダ商館を訪問。商館長、重成を葡萄酒・菓子・日本料理でもてなす。

七月十六日、幕府より移民令下る。十月一日、熊本から天草への移民（五〇家族一七二人と馬二匹）が遣わされる。他にも鹿児島から三〇家族一五二人、馬四六匹など、各地から移民が相次ぐ。

この年、正三、重成の招きに応じて天草に入る。以後約三年間、重成の相談役となって社寺の復興、民衆教化に当る。

正保元年（一六四四）五十七歳

十二月二十七日、熊本藩主細川光尚（26歳）、江戸へ向かう重成のためにみずから茶をたててもてなす。

正保二年（一六四五）五十七歳

重成、大坂住吉に臨南寺を開創し、万安英種を開山とする。寺伝によればこの時、大坂の陣で滅びた豊臣方家臣慰霊の法要を営んだという。

九月二十五日、重成、志岐村に「郡中最初の禅刹」として白華山円通寺を建立する。（以下、本年譜では個々の寺社建立について逐一は記さない。158ページの一覧表を参照されたい）

正保三年（一六四六）五十八歳

四月二十九日、重成、島原代官兼務を命ぜられ慶安四年八月まで島原半島南目の村々を統括する。

正保四年（一六四七） 五十九歳

六月、大坂に隠棲中の中華珪法、重成・正三に招かれて天草入島、のち禅林七ヶ寺の開山となる。

六月、ポルトガル船二隻が禁を犯して長崎に来航、天草にも緊張走る。以後南蛮船接近の場合は高力忠房と鈴木重成の指示を仰ぐようにと取り決められる。

七月二十五日、重成、富岡の首塚に供養碑を建立し、陣歿キリシタン供養の法要を営む。

慶安元年（一六四八） 六十一歳

梅雨時、重成、南有馬の八幡宮境内に供養碑を建立し、陣歿キリシタン供養の法要を営む。

※國照寺文書に、十二月八日、正三（70歳）と重成が代官所の重臣などとともに國照寺の一庭融頓晋山式に臨んだとの記事がある。正三は天草に二度入島したことになる。

慶安二年（一六四九） 六十二歳

六月、重成、老中に「天草寺社領之覚」を提出する。

慶安四年（一六五一） 六十四歳

四月二十一日に将軍家光が四十八歳で死去。重成、その弔いに東向寺、圓性寺、國照寺、無量寺（崇圓寺代理）の僧を派遣する。その際、老中、寺社奉行、大目付、勘定奉行宛の添え状を持たせた。

承応二年（一六五三） 六十六歳

二月十二日、長男の重頼が三十一歳で歿する。

十月十五日、重成、江戸駿河台の自邸にて歿する。

十二月二十二日、幕府、重成の跡を次男重祐（23歳）に継がしめる。重祐、「三郎九郎」を名乗る。

承応三年（一六五四）

一月、天草富岡の飛龍宮社地に重成の供養碑が建てられる。碑銘はその人となりと功績を「其ノ人仁有リ義有リ、儒門ノ君子武門ノ良匠ト謂フベキカ」、「国ニ在ルコト十余霜、分陰ヲ拌タズ社寺ヲ再興シ、村民ヲ撫育シテ仁政甚ダ大ナリ」とし、死因を病死とする。撰文は中華珪法と見られる。

東向寺の寺伝によれば、上府中の中華珪法、鈴木家より重成の遺髪を乞うて天草に持ち帰り、東向寺領内、本村神社隣接地に埋葬したという。

二月十五日、重祐（24歳）、初めて将軍家綱に拝謁し、この年、父の後の五畿内代官に任ぜられる。

三月九日、重辰（47歳）、養父の後の天草代官に任ぜられる。

七月二十九日、重成の妻・心光院が五十九歳で歿する。

あとがき

●新聞を終わりのページから読む人がいるように、もし本書をこの後書きから読もうとする方があれば、著者としてはまことに好都合です。申し上げておきたいことに気がついたからです。本書は一人物の伝記としては間口が広く内容が多岐にわたるため、都市の路地のように錯綜するところがあり、現在地はどこだ？　となりかねません。主人公に馴染みの薄い読者の場合はなおさらです。本はどこからどう読んでもいいに決まっていますけれど、路地をゆく読者を立ち往生させるわけにはゆきません。

ちょっとした読み方の提案です。端書き（特に8頁、横線のある部分）、それに巻末の年譜によって主人公の生涯のあらましを大摑みした上で本文に入ってみてはいかがでしょう。また本文の第一章から四章までは長い長い序章と言えなくもないので、お急ぎの向きはいったん第五章から入るという手もあります。いずれにしても、幾筋もの路地の先に終章が見えてくれば言うこと無しです。ただし〝路地〟はただの通り道ではなく、一筋一筋に意味があることは申すまでもありません。

●この本いちばんの苦心は、一人の、或いは数名の聞き手と場面を章ごとに想定し、その一人或いは数名を相手に〝語る〟というスタイルをとったことでした。多様で広範囲の読者の代表のような、意中の一人または数名に向かって、わたくしは自由に心置きなく話すことができました。そんなスタイルが本書の構成や文体、叙述のありようを決定づけてゆきました。入門的な説明や注釈の挿入、引用文にたっぷり施したルビ、高名な方々をも「〜さん」と呼んだことなど、その表れです。
●鈴木重成にひときわ強く心を寄せた先人が幾人もありました。石牟礼道子さん、稲垣正名さんをはじめ、そうした方がたの多くが相次いで鬼籍に入られました。本書を生前に見届けていただけなかったことに、わたくしは痛恨の思いをどうすることもできません。一冊の本をようやく書き上げ／語り終えた今、取り戻すことのできない時間の重みを切々と感じています。村上 直 先生にはお目にかからずじまいでした。
●本書が成るまでに恩恵を蒙った著作物は〈参考文献〉として巻末に掲げさせていただきます。また惜しみなく資料を提供してくださった方々、さまざまにお世話、お励ましくださった方々のお名前を特記し、感謝の意を表します。

鍋島茂樹さん　鈴木訓夫さん　鈴木邦夫さん　藤田大誠さん　坂川　武さん　段下文男さん
川口高風さん　鈴木昭彦さん　柴田　豊さん　佐藤一道さん　安藤芳行さん　濱本晴之さん
寺下文男さん　柴田則義さん　中村興正さん　柴田知憲さん　寺沢光世さん　相川博道さん
吉田昌生さん　竹林史博さん　新古美術わたなべ　北野鋼一さん　松浦四郎さん　平井建治さん
山崎信一さん　柴田英明さん　小林健浩さん　杉本聖樹さん　平田豊弘さん　稲垣千佳子さん
川上謙二さん　そして最後に弦書房社主の小野静男さん
●本書を手に取ってくださったすべての方に感謝いたします。

令和元年五月

天草、万緑の鈴木の杜にて　　田口孝雄

第二版あとがき

このたび新史料を加え、文章を彫琢し加筆するなどして本書第二版を問うことになりました。これを機にルビを増やし、写真とキャプション、読み物としての注解にも手を加えて充実を図ることにしました。

それにつけ、鈴木重成の「割腹」を明記する西嶋家文書に関して西嶋隆明さんと山口誠治さん（ともに天草市）、重成の島原代官兼務を証明する馬場家文書に関して茂和夫さん（雲仙市）、それに伴天連追放令の一部字句解釈に関して安高啓明さん（熊本大）に、それぞれ得がたい便宜と示唆を頂いたことを特に記しておかなければなりません。

初版はコロナのコの字も知らずに世に出たのですが、多くの方々が溢れるほどの好意を以て迎えて下さいました。これからコロナ禍中に巣立ちゆく第二版には、雄々しくしなやかに歩めよと言って送り出したい気持ちです。

鈴木重成の天草代官就任はちょうど三百八十年前のことでした。本文（128頁）にも書いたとおりそれは当時流行の〝疱瘡禍〟を奇跡的に乗り越えての出来事であり、以後の島民撫育、寺社再興、地域再生も、すべてはそこから始まったのでした。コロナ禍に閉塞する今の世に本書第二版が出ることには、また格別の感慨があります。皆様のご清覧を願ってやみません。

令和三年二月　春立つ日に

著者

参考文献

恩恵を蒙った主要な文献を掲げ、著者、編者ならびに出版関係者に感謝の意を表します。

・明治以前の史料は、翻刻されているものを含め、掲出していません。

・書籍化されていない論文・報告書は、一部を除き掲出していません。

・刊行年については一部の表示にとどめました。

■著作物

尾藤正英『日本文化の歴史』岩波新書
丸谷才一・山崎正和『日本史を読む』中央公論社
中公新書編集部［編］『日本史の論点』中公新書
朝尾直弘『日本の歴史17　鎖国』小学館、昭和50
朝尾直弘『日本の近世1　世界史の中の日本』中央公論社
深谷克己『大系日本の歴史9　士農工商の世』小学館
竹内　誠『大系日本の歴史10　江戸と大坂』小学館
大石慎三郎『江戸時代』中公新書
山本博文『寛永時代』吉川弘文館
水本邦彦『徳川の国家デザイン』全集日本の歴史10、小学館
水本邦彦『徳川社会論の視座』敬文舎
渡辺京二『逝きし世の面影』葦書房。平凡社ライブラリー。
渡辺京二『日本近世の起源』弓立社
渡辺京二『江戸という幻景』弦書房
水谷三公『江戸は夢か』ちくまライブラリー
芳賀徹［編］『文明としての徳川日本』所収の諸編、中央公論社
芳賀徹『文明としての徳川日本』筑摩選書
小堀桂一郎［編］『東西の思想闘争』所収の諸編、中央公論社
大石　学『新しい江戸時代が見えてくる』吉川弘文館
尾藤正英『江戸時代とはなにか』岩波書店
磯田道史『徳川がつくった先進国日本』文春文庫
田中圭一『百姓の江戸時代』ちくま新書
松下志朗『幕藩制社会と石高制』塙書房
柴田知憲『則定陣屋史概観』私家版
柴田知憲「旗本則定鈴木氏と則定陣屋の明治維新」（『豊田市郷土史研究会紀要』第16集）
中村孝也『徳川家康公傳』東照宮社務所
中村孝也『家康の臣僚』人物往来社
笠松和比古［編］論集『徳川家康』所収の諸編、宮帯出版社
笠松和比古『徳川家康』ミネルヴァ書房
曽根原理『神君家康の誕生』吉川弘文館
中村彰彦『知恵伊豆と呼ばれた男』講談社
大野瑞男『松平信綱』吉川弘文館
鎌田道隆『近世都市・京都』（季刊叢書日本文化4）角川書店
脇田　修『近世大坂の町と人』人文書院
護　雅夫・別枝達夫『大世界史9』文藝春秋社
平川　新『戦国日本と大航海時代』中公新書

G・B・サンソム『西欧世界と日本』筑摩叢書
ヘルマン・オームス『徳川イデオロギー』ぺりかん社
遠藤浩一〔編〕『日本文明の肖像I』所収の諸編、展転社
五野井隆史『日本キリスト教史』吉川弘文館
北野典夫『天草キリシタン史』葦書房
高瀬弘一郎『キリシタン時代の研究』岩波書店
高瀬弘一郎『キリシタンの世紀』岩波書店
高瀬弘一郎「解説」(大航海時代叢書『イエズス会と日本』一・二)岩波書店
渡辺京二『バテレンの世紀』新潮社
小堀桂一郎『「國家理性」考』錦正社
鍛代敏雄『神国論の系譜』宝蔵館
佐藤弘夫『神国日本』ちくま新書
高橋裕史『イエズス会の世界戦略』講談社選書メチエ
浅見雅一『キリシタン時代の偶像崇拝』東京大学出版会
司馬遼太郎『街道をゆく17　島原・天草の諸道』朝日新聞社
神田千里『島原の乱』中公新書
大橋幸泰『検証 島原天草一揆』吉川弘文館
鶴田倉造『Q&A 天草四郎と天草島原の乱』熊本出版文化会館
五野井隆史『島原の乱とキリシタン』吉川弘文館
岡田章雄『天草時貞』吉川弘文館、昭和35
横山十四男『百姓一揆と義民伝承』教育社歴史新書
呉座勇一『一揆の原理』ちくま学芸文庫
『岩波講座　日本通史11』所収の諸編
『岩波講座　日本通史13』所収の諸編
村松　剛『教養としてのキリスト教』講談社現代新書、昭和40
橋爪大三郎・大澤真幸『不思議なキリスト教』講談社現代新書
石川明人『キリスト教と戦争』中公新書
佐藤彰一『宣教のヨーロッパ』中公新書
竹山道雄『剣と十字架』文藝春秋新社、昭和38
竹山道雄『竹山道雄セレクション・II・西洋一神教の世界』藤原書店、平成29
大貫・金・黒住・宮本〔編〕『一神教とは何か』東京大学出版会
『岩波講座 日本の思想・8・聖なるものへ』所収の諸編
黒住　真『複数性の日本思想』ぺりかん社
中村　元『日本思想史』(邦訳版)東方出版
清水正之『日本思想全史』ちくま新書
森　和也『神道・儒教・仏教』ちくま新書
平川祐弘『西洋人の神道観』河出書房新社
西田長男・三橋健『神々の原影』平河出版社
原田敏明『村の祭祀』中央公論社
岡田荘司〔編〕『日本神道史』吉川弘文館
神社新報社〔編〕『神仏関係考』神社新報社
久田松和則『キリシタン伝来地の神社と信仰』富松神社再興四百年事業委員会
圭室文雄『日本仏教史・近世』吉川弘文館
末木文美士『近世の仏教』吉川弘文館

鈴木大拙『百醜千拙』（鈴木大拙全集17）岩波書店
中村　元『近世日本の批判的精神』（中村元選7）春秋社
島田燁子『日本人の職業倫理』有斐閣
圭室諦成『葬式仏教』大法輪閣
大桑　斉『寺檀の思想』教育社歴史新書
紀野一義『名僧列伝』Ⅰ〜Ⅳ、文芸春秋
光岡　明『恋い明恵』文芸春秋
水上　勉自選仏教文学全集5『流離の仏教者たち』河出書房新社
秋月龍珉著作集3『一休・正三・盤珪・良寛』三一書房
藤吉慈海『鈴木正三の禅』禅文化研究所
山本七平『勤勉の哲学』ＰＨＰ研究所
山本七平『日本資本主義の精神』光文社カッパブックス
山本七平『日本人とは何か。』祥伝社
神谷満雄『鈴木正三の思想とその生涯』鈴木正三顕彰実行委員会
神谷満雄『鈴木正三』東洋経済新報社。ＰＨＰ文庫。
神谷満雄「鈴木正三の人と思想」（神谷・寺沢編注『鈴木正三全集』上巻）鈴木正三研究会
寺沢光世「正三全集の一つの読み方」（神谷・寺沢編注『鈴木正三全集』下巻）鈴木正三研究会
長部日出雄『仏教と資本主義』新潮新書
森　和朗『蘇る自由の思想家鈴木正三』鳥影社
三浦雅彦『鈴木正三研究序説』花書院
濱崎要子『鈴木正三の精神思想』山喜房佛書林
桂木隆夫『慈悲と正直の公共哲学』慶應義塾大学出版会
平野寿則・大桑　斉『仏教治国論の史料と研究』清文堂
林　銑吉『島原半島史・中巻』国書刊行会、昭和59（初刊は昭和29）
中村興正『近世口之津港の風景』（私家版）
片岡弥吉『踏絵・かくれキリシタン』（片岡弥吉全集2）智書房
宮崎賢太郎『カクレキリシタンの実像』吉川弘文館
中園成生『かくれキリシタンの起源』弦書房
平田正範『天草かくれキリシタン宗門心得違い始末』サンタ・マリア館
安高啓明『踏絵を踏んだキリシタン』吉川弘文館
村上　直『天領』人物往来社
村上　直『江戸幕府の代官群像』同成社。本書10〜11頁参照
辻善之助『日本人の博愛』金港書籍、昭和7
神社新報社［編］『郷土を救った人々――義人を祀る神社』神社新報社
岡田荘司「人霊祭祀の基調」（神社本庁綜合研究所紀要第21号）神社本庁
藤田大誠「人霊祭祀の展開」（神社本庁綜合研究所紀要第21号）神社本庁
藤田大誠「近代日本における「怨親平等」観の系譜」（明治聖徳記念学会紀要復刊第44号）
高野伸治『武士神格化の研究』吉川弘文館
松崎憲三［編］『人神信仰の歴史民俗学的研究』岩田書院
桜井徳太郎『霊魂観の系譜』筑摩書房
山田雄司『跋扈する怨霊』吉川弘文館

丸谷才一『忠臣蔵とは何か』講談社
丸谷才一『鳥の歌』福武書店
宮本常一・川添　登［編］『日本の海洋民』未来社
新村　出『南国巡礼』梓書房、昭和5
山崎正董『山崎博士の演説と文章』山崎博士古稀祝賀会、昭和16
松田唯雄『天草富岡回顧録』歴史図書社（初刊は昭和8）
松田唯雄『天草近代年譜』国書刊行会（初刊は昭和22）
大野俊康［編］『天草島神社誌』熊本県神社庁天草支部、昭和38
山口　修『天草』金龍堂
山口　修『天草の歴史』本渡市教育委員会
原田・山口［編］『江戸時代図誌23西街道二』筑摩書房
堀田善久『改訂版 天草の歴史』天草市教育委員会
『天草建設文化史』天草地区建設業協会
『新・天草学』熊本日日新聞社

■市史・町史など
『長崎県史・藩政編』長崎県、昭和48
『足助町誌』
『苓北町史』『本渡市史』『有明町史』『五和町史』
『上天草市・大矢野町編3』
『ふぢしろ初山踏』藤白神社
『足助噺』足助まちづくり推進協議会

■展示会図録
「〜天草を救った代官〜鈴木重成とその周辺」鈴木重成公没後三五〇年記念事業特別展、同事業実行委員会、平成15
「鈴木正三〜その人と心」鈴木正三没後三五〇年記念・豊田市郷土資料館特別展、豊田市教育委員会、平成17
「永青文庫 細川家の歴史と名宝」熊本県立美術館
「天草・島原の乱　徳川幕府を震撼させた120日」八代市立博物館未来の森ミュージアム
「新史料による天草・島原の乱〜その時、徳川幕府はどう考えたか〜」城南町教育委員会・九州文化財研究所
「仏教美術の新しい波—キリシタン以後の天草の仏像—」熊本県立美術館
「悟りの美　西国曹洞宗寺院の什宝展」福岡市美術館

■文芸作品
藤井素介『雲さわぐ』講談社、平成7
黒瀬昇次郎『切腹』致知出版社、平成8
石牟礼道子『春の城』藤原書店、平成29（初刊は「アニマの鳥」の題で筑摩書房、平成11）
石牟礼道子「草の砦」（新作能）「文藝」平成24冬季号
示車右甫『天草回廊記（下）』文芸社、平成20
遠藤周作『沈黙』新潮社、昭和41
竹山道雄『みじかい命』新潮社、昭和50
芥川龍之介「神々の微笑」岩波版全集第5巻（初出は大正11）
芥川龍之介「おぎん」岩波版全集第5巻（初出は大正11）

■その他
野島寿三郎編『日本歴西暦月日対照表』日外アソシエーツ株

〔著者略歴〕

田口孝雄（たぐち・たかお）

昭和17年、熊本県天草市に生まれる。國學院大學文学部卒。長崎県立佐世保南高校・熊本県立水産高校・同天草高校教諭（国語科）、天草文化協会第6代会長などを歴任。現在、鈴木神社第15代宮司。熊本県神社庁研修所講師。著書に『評伝　天草五十人衆』（共著、弦書房、熊日出版文化賞）などがある。熊本県天草市在住。

天草島原一揆後を治めた代官
鈴木重成（すずき しげなり）

令和元年（二〇一九）六月三〇日第一版発行
令和三年（二〇二一）三月一五日第二版発行

著　者　田口孝雄
発行者　小野静男
発行所　株式会社　弦書房
（〒810・0041）
福岡市中央区大名二―二―四三
ELK大名ビル三〇一
電　話　〇九二・七二六・九八八五
FAX　〇九二・七二六・九八八六

組版・製作　合同会社キヅキブックス
印刷・製本　シナノ書籍印刷株式会社

ISBN978-4-86329-190-4 C0021

◆弦書房の本

【第38回熊日出版文化賞】
【評伝】天草五十人衆
［86329−138−6］2016.8

天草学研究会［編］　〈島〉であり〈天領〉であった天草は、独特の歴史を刻み、多くの異能の人々を生み出した。天草四郎から吉本隆明まで、天草スピリッツを体現した50人の足跡から、この島がもつ歴史の多面性に迫る。〈A5判・320頁〉**【3刷】**２４００円

天草キリシタン紀行
崎津・大江・キリシタンゆかりの地
［86329−142−3］2016.10

小林健浩［編］／崎津・大江・本渡教会主任司祭［監修］　禁教期にも信仰を守り続けた人々の信仰遺産が、いま世界遺産を目ざす。貴重なカラー写真二〇〇点と、四五〇年の天草キリスト教史をたどる資料も収録。完全英訳付。〈B5判・104頁〉**【3刷】**２１００円

もうひとつのこの世
石牟礼道子の宇宙
［86329−089−1］2013.6

渡辺京二　〈石牟礼文学〉の特異な独創性が渡辺京二によって発見されて半世紀。互いに触発される日々の中から生まれた〈石牟礼道子論〉を集成。石牟礼文学の豊かさときわだつ特異性を著者独自の視点から明快に解きあかす。〈四六判・232頁〉**【3刷】**２２００円

踏み絵とガリバー
鎖国日本をめぐるオランダとイギリス
［86329−181−2］2018.10

松尾龍之介　英国人スウィフトはなぜ『ガリバー旅行記』（一七二六）第三篇に踏み絵とオランダ人を登場させたのか。そこから見えてくるイギリス、オランダの外交戦略と江戸期（鎖国）日本の交易の実態を描く異色の歴史書。〈四六判・220頁〉１９００円

川原慶賀の「日本」画帳
シーボルトの絵師が描く歳時記
［86329−136−2］2016.7

下妻みどり　よみがえる一八〇〇年代のNIPPON。〈シーボルトのカメラ〉と称される絵師・川原慶賀。シーボルトが、日本の風物と日本人の情報収集の目的で、慶賀に描かせた貴重な記録画が語る江戸庶民の日常。〈A5ヨコ判・ケース入・256頁〉**【2刷】**２７００円